Dr Philippe GRANDSENNE

BÉBÉ, DIS-MOI QUI TU ES

À Jérémie et à Judith.
Vous m'avez tant appris !

Prologue

À l'écoute des bébés en liberté

J'avais treize ans lorsque je suis entré en pédiatrie. J'avais accompagné mes parents chez des amis qui venaient d'avoir une petite fille. Quand je l'ai vue, j'ai été saisi. Je me souviens avec précision de ses mains si parfaites, de ses doigts si gracieux et de son visage si finement dessiné sous son crâne immense. Quelle beauté ! J'étais éperdu d'admiration. Et quel mystère ! Il me fallait en savoir plus, m'approcher de son monde, m'y lover, y vivre.

C'est donc comme une histoire d'amour – passionnelle, passionnée et passionnante – que j'ai commencé la pédiatrie. Dès le début de ma spécialisation, j'ai été emporté dans une aventure toute nouvelle, celle du service mobile d'urgence et de réanimation pour les bébés du SAMU de

Seine-Saint-Denis. Ouvert à Montreuil en 1976, c'était le premier en France. J'allais y passer trois années à courir en ambulance de réanimation vers toutes les maternités de la région parisienne pour chercher, accueillir, recueillir des nouveau-nés en danger de mort, et les réanimer. J'y apprendrai que seule l'exigeante perfection est alors tolérable. De ce moment-là, je ne quitterai plus les nouveau-nés.

Mais, pédiatre en maternité depuis bientôt vingt ans, je m'occupe de nouveau-nés sains, sauf exception. Vivant à chaque instant face au plus beau bébé du monde, je me suis naturellement éloigné de la logique médicale propre à ceux qui ne s'occupent que de malades. D'autant qu'en devenant papa, le pédiatre que j'étais avait été conduit à oublier la puériculture théorique.

En me mettant à l'écoute de mon bébé, j'avais très vite compris que sa vie quotidienne n'avait décidément pas grand-chose à voir avec mes manuels. J'ai suivi mon fils là où il allait. Je l'ai laissé faire. Rassuré par sa bonne santé, j'ai osé agir de même avec les bébés des autres.

Parole de bébé !

J'ai regardé vivre les nouveau-nés. Je les ai, eux aussi, laissés faire. Et je les ai écoutés. Très vite, ils m'ont tranquillisé : « Non, ça ne nous rend pas malades que tu nous laisses vivre notre vie à notre convenance, me disaient-ils. Fais ton travail de médecin : vérifie que nous sommes en bonne santé et soigne nos maladies. Pour le reste, on s'arrange. » J'ai demandé alors aux parents si ce n'était pas trop difficile. « Au début, un peu.

Mais maintenant, c'est plus facile qu'avec notre aîné et que pour nos copains ! », ont-ils répondu.

Encouragé, de la sorte, je suis devenu de plus en plus tolérant face à des comportements inattendus et à des situations inhabituelles. Quand les bornes extrêmes que j'avais jusqu'alors observées étaient dépassées par un nouveau ou une nouvelle, je me méfiais, je l'observais d'un peu plus près pour être certain qu'il ne franchissait pas la frontière de la maladie. Et comme tous les autres, il finissait par me dire : « T'inquiète pas, toubib, ça aussi, c'est possible. Et normal. » Alors, j'en ai fait de moins en moins et je me suis mis à ne rien faire d'autre que de la médecine.

Par exemple, quand ce couple, que je voyais pour la première fois, s'est effondré en pleurs dans mon cabinet. Depuis deux mois, âge de leur bébé, ces « parents parfaits » suivaient scrupuleusement le régime prescrit par les médecins à leur sortie de maternité. Depuis deux mois, le bébé criait presque sans cesse, perpétuellement insatisfait. Peu à peu, ils s'étaient convaincus qu'ils n'auraient jamais dû concevoir ce bébé tellement décevant. Ils en venaient presque à penser qu'ils avaient fait l'erreur de leur vie ! Après un long entretien, je leur ai conseillé de sortir de leur comptabilité, de proposer des biberons deux ou trois fois plus grands, sans se préoccuper d'un quelconque horaire. Quinze jours plus tard, ils sont revenus souriants, heureux d'avoir enfin un bébé satisfait.

Depuis que je laisse les bébés vivre librement en les surveillant du coin de l'œil, il m'en est passé quelques dizaines de milliers entre les mains. Ils savent tous très bien s'occuper de leur vie de bébé. Toute la famille y gagne. Quelle détente et quel plaisir !

Questions de parents

L'attente, puis la naissance d'un enfant provoquent toujours un flot de questions. J'ai entendu celles des milliers de parents qui ont participé aux « Rencontres autour du nouveau-né », l'espace d'échanges que j'ai créé à la maternité de Saint-Vincent de Paul dès 1983. Je les entends aussi en consultation lorsque je reçois les bébés avec leurs parents dans les semaines ou les mois qui suivent la naissance.

J'ai vite compris que si mon savoir médical était indispensable pour soigner les maladies des enfants, il était inadapté pour répondre à toutes les interrogations de la vie quotidienne. Il fallait chercher les réponses ailleurs que dans les livres de médecine. Avant tout auprès des premiers intéressés, les bébés. Or, d'une certaine façon, à vivre depuis si longtemps au milieu d'eux, j'entends bébé, je pense bébé, j'imagine bébé. Je regarde la vie à travers leurs yeux. Je les sens autour de moi comme les membres d'une tribu dont je ferais partie.

Je me présente donc à la fois comme médecin des bébés et comme traducteur de la parole des nouveau-nés. Les conseils que je peux vous donner ne peuvent pas être, vous l'avez compris, des instructions, des ordonnances, des recettes. Il n'y a pas de règle, pas de loi ; seulement des « possibles ».

Ce livre serait plutôt un livre d'« antipuériculture ». Si les conseils que je vous donne ne fonctionnent pas pour votre enfant, vous pouvez toujours agir autrement.

Les enfants naissent égaux entre eux et égaux aux adultes. En droits. Pas en devoirs. Ne faites jamais à votre bébé ce que vous ne voudriez pas que l'on vous fasse. Posez-vous la question, avant de lui imposer quelque chose, de savoir si vous aimeriez qu'on vous l'impose à vous. Si vous répondez non, abstenez-vous, sauf si c'est vital.

Au bonheur des bébés

Ne faites pas ce qui est *bien* en théorie, faites ce qui est *bon* pour lui. Plutôt que devoir et malheur, offrez plaisir et bonheur. Sans doute, certaines attitudes, certains gestes sont-ils « meilleurs » que d'autres, mais si vous ne pouvez pas les mettre en pratique, ne pensez pas que vous agissez mal. Il suffit de vouloir bien faire pour devenir sa bonne mère et son bon père.

Ne vous imaginez pas une seconde que cela va être facile. Pourquoi cela devrait-il l'être. Est-ce donc facile d'aimer quelqu'un ? Et de vivre avec quelqu'un qu'on aime ?

Nous n'allons pas parler des bébés en général, nous ne parlerons que du vôtre. Celui-là, pas un autre ; car il va bien falloir essayer de le comprendre, celui-là. Ce n'est certes pas le bébé modèle, mais ça n'existe pas, le bébé modèle. D'ailleurs, il n'y a pas de modèle. Il n'y a pas de norme, il n'y a que des moyennes. Vous-mêmes, vous n'êtes pas des parents parfaits, cela n'existe pas non plus !

Ce livre d'un pédiatre ne vous apprendra pas à élever votre enfant... il s'élève en grande partie de lui-même ; ni à l'éduquer, c'est votre vie qui le fera ; ni à le soigner, c'est le travail des médecins. Ce livre n'a qu'une ambition, celle de vous aider à comprendre votre bébé, tel qu'il est. Cela vous permettra de lui laisser vivre sa vie et vous autorisera à vivre la vôtre en étant les uns et les autres le plus heureux possible.

Vous voici, parents heureusement imparfaits, qui avez fait ce bébé-là, peut-être pas le bébé modèle, mais le seul qui vaille vraiment, la merveille, le vôtre, celui que vous aimez. Malgré toutes les pressions, n'essayez pas de faire comme s'il n'était pas là, comme si vous aviez mieux que lui, comme s'il y avait mieux que lui, quoi qu'on en dise autour de vous. Respectez-le tel qu'il est, lui qui ne vous respecte pas encore, c'est ainsi que vous vous respecterez le mieux et que vous lui enseignerez le respect de vous et des autres.

Ne le poussez pas à réaliser maintenant les exploits dont vous rêvez. Il a du temps devant lui, environ une centaine d'années.

Et maintenant, frappons les trois coups pour sa prochaine entrée sur la scène de l'humanité ! Laissons-le arriver, ce voyageur des mondes sous-marins !

Pendant trois à quatre millions d'années, on n'a rien su de l'intimité du fœtus. Il vivait tranquillement sa vie dans le ventre de sa mère et, bien sûr, dans l'imaginaire des familles et des peuples.

Depuis une vingtaine d'années, on croit tout savoir sur lui, parce qu'on a pu rendre sa coquille perméable à nos investigations. Aujourd'hui, on l'épie dans son Nautilus, on branche des radars, des sonars pour essayer de savoir quand et à quelle heure il va débarquer, comment il est fabriqué, comment il est équipé, etc. Le plus souvent, il est attendu fille ou garçon. Les parents se sont parfois inquiétés parce que la précision de l'échographie avait fini par découvrir un petit quelque chose, ou parce qu'ils avaient craint qu'elle ne soit passée à côté de ce qui n'était pas encore visible. Mais, pour ses parents comme pour le médecin, à la question : « Qui es-tu, toi ? », ce n'est que le bébé naissant qui donne la réponse.

« Qui que tu sois, tu es le bienvenu ! Je t'accueillerai toujours comme celui qu'on attendait !

D'abord, je t'offre toute l'aide qui peut t'être nécessaire ; pour toi les dattes et le miel, pour toi les mains ouvertes. »

Première partie

À la maternité

1

La technique et les câlins

Vous voilà arrivée à la maternité. On vous a conduite en salle de travail. On l'appelle aujourd'hui salle de naissance et pourtant, c'est toujours un sacré travail pour vous, cet accouchement, et un sacré travail pour lui aussi, cette naissance ! Travail sacré pour nous aussi, chaque fois.

Plusieurs personnages sont rassemblés pour vivre ce moment unique : une femme enceinte qui accouche, un bébé qui naît, et puis l'entourage, le père qui, de plus en plus souvent, a voulu être présent et le corps médical – la sage-femme et/ou le médecin obstétricien, une ou des infirmières.

Certains considèrent que les blouses blanches et l'équipement de ce lieu médicalisent trop la naissance et constituent un environnement agressif. De fait, quand tout se passe bien, pourquoi intervenir ?

Nous aimerions n'avoir rien à faire, nous les soignants, si ce n'est nous assurer que nous pouvons rester tranquillement inactifs. Mais c'est rarement possible.

En toute sécurité

On a supprimé, à bon droit, les gestes médicaux qui, dans la pratique, venaient s'ajouter inutilement aux désagréments de la nature. À la suite du docteur Leboyer, on a exclu des salles de naissance la brutalité superflue, les lumières aveuglantes. Tout le monde s'en est félicité : les bébés, les parents, les soignants.

Mais quand certains, peut-être impressionnés par ce que l'on dit du « traumatisme de la naissance », en arrivent – au nom de la douceur – à proposer des modes d'accouchement « sans filet », voire à risques, je ne suis pas d'accord. Oui, cent fois oui à la naissance sans agressivité, mais non, mille fois non à la naissance sans sécurité. En effet, même de nos jours, si neuf fois sur dix tout se passe sans problème, une fois sur dix, néanmoins, il y a danger. La naissance est le moment le plus risqué de la vie : les moyens mis en œuvre à la maternité doivent être adaptés aux risques encourus.

Aujourd'hui, il est généralement possible de prévoir les situations dangereuses et de s'entourer d'un certain nombre de précautions pour y faire face.

Certains praticiens des médecines parallèle prétendent que, puisque l'on connaît les situations à risques, il est inutile de mettre en œuvre le dispositif lourd si aucun danger n'est détecté. C'est faux, et mortellement dangereux, car, malheureusement, ce n'est pas parce que l'on sait repérer nombre des situations à risques que les autres n'en présentent pas. Par exemple, on surveille par capteur externe les contractions utérines et le rythme cardiaque du fœtus. Si le rythme du cœur est imparfait, cela ne signifie pas que le bébé a le cœur malade, qu'il ira nécessairement mal. Cela indique qu'il supporte mal le travail : les risques sont plus nombreux que d'habitude et nous, médecins, allons nous tenir davantage sur nos gardes. Si le nombre d'accidents est effectivement assez faible, ils seraient d'autant plus graves qu'on se serait volontairement démuni des moyens d'y faire face efficacement. Ce ne sont ni les soignants ni même, à court terme, les parents qu'on met ainsi en danger, mais les nouveau-nés.

La naissance est une rude épreuve. Passer d'un lieu liquidien, chaud, sombre – où le bébé n'a rien d'autre à faire que de grandir, entièrement pris en charge par sa mère – à un milieu aérien, frais, lumineux, où il va lui falloir assumer lui-même la respiration, la nutrition, les déjections, son équilibre thermique et bon nombre d'autres choses, est, à l'évidence, une tâche difficile. Mais retarder ce moment, en prétendant que le « traumatisme » sera moindre, me semble peu pertinent. Les humains n'étant ni baleines ni cachalots, il faut bien se résoudre à laisser leurs petits advenir à l'air libre. Ils sont faits pour cela.

Ainsi, autant il semble parfaitement possible de baigner les bébés dès leur arrivée, si les circonstances ne l'interdisent pas, autant les retenir dans l'eau, les faire naître sous l'eau, présente en soi des risques dont la modestie statistique ne doit pas cacher la sévérité potentielle. Je refuse, sous prétexte que certains prétendent faire de la médecine douce (dans des circonstances qui n'exigent, il faut l'espérer, rien d'autre), de m'entendre dire que je fais de la médecine dure quand je me coltine la pathologie vraie. N'oublions pas que c'est grâce aux progrès techniques immenses qui ont été accomplis dans la médecine du nouveau-né ces dernières décennies que les accidents d'accouchement et les complications néonatales ont considérablement diminué. Cela peut donner l'impression qu'ils n'existent presque plus. Relâchons nos efforts pour chasser le naturel, et il reviendra au galop, avec son cortège de calamités « naturelles ».

Alors, soyons toujours prêts techniquement, aussi bien pour vous accoucher que pour accueillir votre bébé. Préparons-nous toujours au pire, seule façon de ne pas être pris au dépourvu s'il se présentait ; dans tous les autres cas, on laissera tomber la technique pour les câlins.

Maïmonide l'écrivait au XIIe siècle : « La médecine est l'art du choix entre les risques et les maux. » À chaque situation sa réponse. Si le mal est minime, prendre des risques importants serait inadmissible ; mais si le mal est gravissime, on peut prendre tous les risques thérapeutiques. Certains actes qui semblent durs s'imposent à tous, car face à une situation de catastrophe il faut savoir, sans états d'âme, utiliser la médecine de catastrophe pour laquelle aucune improvisation n'est acceptable. Plutôt que d'opposer de façon manichéenne la technique à la douceur, organisons-nous pour qu'à une technique sans faille, meilleur gage de non-violence, s'allie une humanité sans réserve, condition indispensable de l'exercice de l'art médical, dont il n'est pas inutile de rappeler qu'il est exclusivement destiné au soulagement de nos frères humains.

L'accouchement est un moment naturellement douloureux. Aujourd'hui encore, la majorité des femmes, dans le monde entier, accouchent dans les douleurs, ne serait-ce que parce que les moyens techniques et financiers n'existent pas dans la plupart des régions du monde pour qu'il en soit autrement. Et ce n'est pas parce que, depuis peu, on dispose dans nos pays riches d'une technique, l'analgésie péridurale, destinée à la combattre, que la douleur de l'accouchement a disparu.

Mais, à force de s'entendre répéter qu'il est « anormal d'accoucher dans la douleur de nos jours », beaucoup de femmes qui n'ont pu bénéficier de la péridurale ont le sentiment d'avoir été victimes d'une escroquerie morale. Or il peut arriver que l'anesthésiste, occupé par une intervention prioritaire, ne soit pas disponible. Il est possible aussi que la péridurale ne soit pas efficace. Des femmes qui s'étaient préparées à ne pas souffrir se trouvent désarmées face à la douleur. C'est pourquoi il est toujours très utile de suivre une préparation à l'accouchement. Plutôt que de nier la possibilité de la souffrance, il vaut mieux en comprendre les raisons et se préparer à l'affronter sans crainte.

Accueillir

L'assistance de la sage-femme ou de l'accoucheur pour l'expulsion du bébé, le dégagement et enfin la délivrance, permet d'empêcher que l'enfant reste trop longtemps immobilisé ou sorte trop vite en déchirant tout sur son passage et d'éviter que la mère souffre trop ou saigne trop.

Si besoin est, au dernier moment, on recourt aux forceps. Maniés avec délicatesse, ces « couverts à salade » sont sans danger. Le bébé sera moins traumatisé d'avoir été aidé, même un peu rudement, que d'être resté coincé sans pouvoir sortir. De toute façon, si c'est urgent, ou si la situation est trop risquée, on pratiquera une césarienne.

Quoi qu'il en soit, par voie basse ou haute, avec ou sans forceps, sans douleur ou avec, dans le calme ou l'agitation de la mère, du père ou de l'équipe, il arrive, ce fameux bébé, ce bébé fameux. Il va émerger, le voici !

Qu'allons-nous lui faire ? Dès sa naissance, votre enfant est un individu qui mérite les mêmes soins que n'importe quelle personne en situation dangereuse. La compétence technique de l'équipe ne doit pas la pousser à réaliser des prouesses si elles ne sont pas indispensables. Nous allons en faire le moins possible : le minimum nécessaire, mais tout le nécessaire.

La plupart du temps on se contente de fort peu de choses, effectuées si possible en posant le bébé directement sur le ventre de sa mère.

D'abord, le sécher : il sort de l'eau chaude, il arrive à l'air libre et frais, vite une serviette !

Le moucher aussi : ce que nous appelons l'aspiration est certes un peu désagréable, mais n'oublions pas qu'il vivait dans l'eau non pas comme un plongeur – qui garde de l'air dans son corps quand il est en profondeur –, mais comme un poisson complètement plein d'eau lui-même. Aucune partie de son corps n'était vide. Son tube digestif, son nez, ses bronches, ses poumons étaient remplis par du liquide amniotique. Pour que l'air puisse rentrer, il faut bien que le liquide soit entièrement expulsé.

Si l'accouchement par voies naturelles fait l'essentiel du travail en pressant le bébé comme une éponge qu'on essore, il reste parfois assez de liquide pour gêner la respiration aérienne devenue brusquement indispensable. Alors le bébé, tel un nageur qui a bu la tasse, est gêné par le liquide contenu dans ses bronches. C'est pourquoi il est important de compléter au besoin l'essorage naturel par une aspiration à l'aide d'une sonde, surtout si la naissance s'est faite par césarienne.

Ensuite, nous le regardons faire, prêts à lui donner un coup de main s'il en a besoin. Nous nous assurons de cinq données : qu'il respire seul ; que son cœur bat ; que son teint est bien rose ; qu'il est bien tonique ; qu'il est bien réactif. L'ensemble de ces cinq critères, cotés chacun de 0 à 2, donne un score dont le total est compris entre 0 et 10. Plus il est proche de 10, mieux le bébé se débrouille seul, et moins nous intervenons.

Ce fameux score, inventé par le docteur Virginia Apgar, n'est pas un test pour classifier les bébés ou pour noter leur valeur. C'est un outil d'aide à la décision thérapeutique pour les équipes d'accueil des nouveau-nés. Plus il est bas, quelle qu'en soit la raison, plus nous devons agir pour pallier l'inefficacité provisoire du bébé. Il faut préciser que ce n'est pas à l'instant même de la sortie que le score d'Agpar est coté, mais à une minute de vie.

L'enfant ne sort pas rose, mais plutôt violacé, et il ne rosit que dans les dizaines de secondes suivantes. Au moment où il émerge, le nouveau-né a un aspect assez inquiétant pour les profanes, qui ne doit pas vous alarmer. Nous y sommes pour notre part habitués. Si nous restons calmes et tranquilles, c'est parce que cela ne mérite de notre part ni inquiétude ni déploiement d'activité.

A-t-il crié, ce bébé ? En fait, ce n'est pas le cri lui-même qui est essentiel. La seule chose qui compte, c'est qu'il se mette à respirer. Avec notre aide ou sans. Et peu importe qu'il crie ou non. Le seul intérêt du cri est de confirmer qu'il y a eu une respiration auparavant. Le cri n'est pas la respiration. C'est d'abord la respiration qui permet de remplir d'air les poumons et, après seulement, de pouvoir crier. Si ce bébé respire tranquillement, et ne crie pas, il n'y a strictement aucune raison de s'en alarmer, il se contente de ne pas se plaindre. Laissons-le faire.

À l'inverse, aussi longtemps que la situation l'exige, nous assurons les fonctions qu'il est provisoirement incapable d'assumer.

Nous regardons donc faire ce nouveau-né, en l'aidant parfois. Après seulement, nous examinons et nous contrôlons : la sage-femme ou le médecin s'assure que tout est en place, qu'aucune malformation ou pathologie ne justifie des soins immédiats ou d'éventuels examens spécifiques. L'échographie anténatale, quelle qu'en soit la précision, ne suffit pas pour tout connaître du nouveau-né.

On recherche, par exemple, une infection par des prélèvements bactériologiques lorsqu'il existe un haut risque infectieux ; on procède à des prélèvements de sang – si possible au cordon, où c'est indolore – pour connaître le groupe sanguin dans les situations d'incompatibilité, pour s'assurer de l'absence de toxoplasmose.

L'existence d'une anomalie peut justifier un transfert en service de néonatologie, de chirurgie, voire de réanimation. Dans ces cas-là, tout doit être très bien expliqué aux parents, et le bébé impérativement montré à sa mère avant son départ. Si cela était impossible, on lui laisserait, au minimum, une photo afin d'éviter que cette séparation précoce soit une déchirure intolérable.

Préserver l'intimité

Dans tous les autres cas, si tout va bien, nous n'avons, nous médecins, plus vraiment de rôle à jouer ni de place à occuper. La médecine cède le pas à la vie familiale. L'enfant va rester une heure ou deux en salle de travail avec sa maman, le temps de s'assurer qu'elle aussi va bien. À la fois abasourdi et passionné, déjà il lève la tête, écoute, regarde, contemple. Pendant cette brève période, il est très disponible, très présent. Il s'intéresse à tout. À sa mère, bien sûr, à sa voix, ses caresses, son odeur, mais aussi à la voix grave de son père. Bref, il découvre le monde.

Et puis, il peut se produire ce réflexe du fond des âges, réflexe de fouissement qui permet au bébé de trouver seul la mamelle, de ramper jusqu'à elle et de s'y accrocher. N'en faisons cependant pas une condition *sine qua non* pour que la relation soit naturelle et heureuse. Il arrive souvent que la mère soit trop épuisée, trop lasse pour en avoir envie. Parfois, elle n'a qu'une idée en tête : « Qu'on me laisse tranquille pour l'instant. Il m'en a trop fait voir ! » Lui, d'ailleurs, peut en être au même point !

La mère peut se sentir coupable de ce qu'elle ressent comme un flop d'amour. Ne vous en faites pas, c'est trop banal pour être bien grave ! Il a pu être particulièrement pénible, cet accouchement... On verra plus tard. Rien n'est perdu.

Souvent, heureusement, c'est un moment d'une grande sérénité. Une maman alanguie, fatiguée mais toute fière d'y être arrivée, d'avoir fait cette fille ou ce garçon, d'avoir réussi à concevoir cet enfant, à le porter et à le faire naître. Elle esquisse un sourire un peu emprunté en direction du papa qui trottine tout ému du berceau à sa femme. Certains pères gardent déjà leur bébé dans les bras, d'autres osent à peine l'effleurer mais le dévorent des yeux. D'autres encore sont tout retournés : « Ça fait mal de voir celle qu'on aime avoir si mal ! » ou se sentent épuisés : « Depuis hier soir, j'en suis malade, j'ai mal aux reins, je ne peux plus m'asseoir... »

Bientôt, tout le monde gagne la chambre dans le service des suites de couches. Une petite toilette de chat pour le bébé, ou un bain, si possible avec papa, pour être plus présentable au retour avec maman.

Retirons-nous. Laissons-les dans ce silence d'une qualité si particulière. On fera le ménage plus tard ! Laissons-les s'installer dans leur chambre, profiter de ces instants à part. Cette femme et cet homme ne sont pas encore une mère et un père, mais déjà ils apprennent à le devenir. Il y a seulement quelques heures, amante et amant, femme et mari, ils se sont embarqués pour une étrange traversée ; le rivage de leur ancienne vie s'estompe. La croisière parentale commence.

Le séjour en « suites de couches », qui dure quelques jours dans nos pays riches, cette période durant laquelle les parents sont encore encoconnés, permet de faire connaissance avec leur bébé et d'apprendre les rudiments de tout ce que bientôt ils sauront faire pour lui.

Pendant ce temps, nous, médecins, surveillons tout ce petit monde du coin de l'œil pour nous assurer que la maman se remet bien de son accouchement et que le bébé n'a pas de difficulté particulière à s'adapter à son monde nouveau.

Quand on l'aura examiné, vérifié sous toutes les coutures, quand on sera sûr qu'il se débrouille suffisamment bien pour ne plus avoir besoin de nous au quotidien, alors toute la famille pourra rentrer chez elle. Sans médecin, sans infirmière, sans sage-femme, sans puéricultrice, sans moyens techniques. Pour y vivre, ce qui est vieux comme le monde, une vie nouvelle de famille nouvelle.

Au revoir... et à la prochaine.

2

Votre nouveau-né de la tête aux pieds

Dans cette maternité où les parents s'installent pour quelques jours, je vis depuis vingt ans, entouré, inondé de bébés. Je les palpe, je les écoute, je les renifle, je les observe. Je suis dans leur monde avec eux.

Je les examine et les présente à leurs parents. Sauf circonstances exceptionnelles, cet examen a lieu avec la maman, dans sa chambre, sur son lit, si possible en présence du papa et des enfants aînés, s'ils sont là. Dans le calme et la tranquillité, en prenant le temps qu'il faut pour écouter les parents et entendre leurs interrogations sur ce qui s'est passé pendant la grossesse, leurs inquiétudes liées aux circonstances de l'accouchement, mais aussi ces sourdes angoisses nées de ce qu'ils savent des maladies et des morts familiales.

Cet examen n'est pas un simple « conseil de révision » où les bébés défileraient pour s'entendre, après deux minutes, jeter un impersonnel « apte » avec un coup de tampon sur le carnet de santé. Au-delà de son caractère strictement technique, il permet une prise de contact entre parents et bébé, bébé et famille, famille et médecin.

La vérification d'organes doit être impeccable sur le plan technique, et commentée au fur et à mesure – tant pour ce qui est normal que pour ce qui ne l'est pas – de façon qu'à la fin de l'examen, les parents aient tout compris et soient tout à fait tranquillisés.

D'abord, je me présente. À vous, parents, et aussi à votre bébé. Je viens le déranger dans son sommeil, dans son monde, le manipuler dans tous les sens, alors je lui dis qui je suis et pourquoi je suis là.

Avant de commencer l'examen, je fais connaissance avec ce nouveau-né. Fille ou garçon ? Il est temps de cesser de toujours dire « il » pour éventuellement dire « elle ». Dorénavant, ce n'est plus « un bébé ». C'est elle ou c'est lui. Certains enfants s'imaginent que ce sont leurs parents qui ont choisi leur sexe. C'est pourquoi une photo du bébé tout nu, sexe visible, pourra s'avérer utile, pour lever les doutes qui pourraient surgir plus tard.

Ensuite, grâce aux indices qu'il fournit, je détermine à quel terme il est né. À ce propos, il faut savoir deux choses : premièrement, on n'est pas prématuré si on naît dans le mois qui précède la date théorique, mais seulement si l'on arrive plus d'un mois avant, c'est-à-dire à moins de trente-sept semaines de gestation. Néanmoins, il y a peu de risques dans le huitième mois (trente-trois à trente-six semaines), les vrais dangers guettant surtout les enfants nés avant trente-deux semaines. Deuxièmement, la date théorique du terme n'est pas celle que l'on doit atteindre mais celle qu'on ne doit pas dépasser. On naît à terme lorsque l'on naît entre trente-sept et quarante et une semaine de gestation. Entre les deux, on n'est pas en avance mais à l'heure, plus ou moins précoce, plus ou moins mature. Avant, c'est trop tôt ; après, ça serait tardif.

Maintenant, je m'adresse à un petit garçon de trente-huit semaines ou à une petite fille de quarante semaines, et non plus à un bébé indéterminé.

Lorsqu'on regarde un nouveau-né tout nu, on est étonné par l'importance de la tête, du sexe, des mains et des pieds par rapport à celle du corps. La nature a privilégié pendant la période intra-utérine ce qui était essentiel, laissant pour plus tard la croissance de la « machinerie » nécessaire à l'entretien des parties primordiales.

La forme de la tête, modelée par la position adoptée *in utero* et le récent passage à travers la filière génitale, est en général impressionnante pour les parents ; le plus souvent très allongée d'avant en arrière, avec l'occiput qui pointe, elle peut être aussi un peu aplatie lorsque la naissance s'est faite par le siège, parfois asymétrique avec un côté plat et l'autre bombé. Il existe souvent au niveau de la présentation une bosse molle, bosse séro-sanguine, qui se résorbe en moins d'un mois.

Le crâne a ainsi pu se façonner sur les parois de l'utérus et du bassin parce que, contrairement à ceux de l'adulte, les os du crâne du fœtus ne sont pas soudés mais mobiles les uns par rapport aux autres. Cette mobilité facilite le passage de la tête qui s'étrécit au moment de l'accouchement. C'est grâce à cela aussi que, dans les jours qui suivent la naissance, le crâne retrouve une forme régulière. Par la suite, cela permettra à la boîte crânienne de grossir proportionnellement au développement du cerveau.

Entre les os on observe des intervalles dont, au milieu du crâne, la grande fontanelle. Fermée par une membrane souple que vous pouvez voir battre au rythme du cœur ou bomber au moment des pleurs, elle a tout pour impressionner, cette espèce de « fenêtre sur le cerveau », dont on vous a toujours fait craindre la fragilité. N'ayez aucune crainte ! Cette membrane est d'une résistance extrême, infranchissable, comme le reste du crâne. N'hésitez pas, lorsque vous laverez la tête de votre bébé, à bien la frotter, sinon il s'y accumulera ce qu'on appelle communément les « croûtes de lait », bien que cela n'ait rien à voir avec le lait : c'est du sébum (matière grasse).

Sur la peau du visage et de la tête, on peut voir un certain nombre de marques, d'origines diverses. L'utilisation des forceps peut avoir laissé des « bleus » ou des petites égratignures qui disparaissent en quelques jours. De même, pour certains bébés nés très (voire trop) vite, ou nés avec le cordon autour du cou, l'hyperpression du sang peut avoir fait éclater des petits vaisseaux dans le blanc des yeux ou sous la peau. Tout cela va disparaître en deux ou trois semaines.

Sur le nez, les joues et le menton, on peut voir des petits boutons blancs, appelés milium : ce sont des bulles de sébum qui vont disparaître spontanément en moins de trois mois. N'y touchez pas.

Vous remarquerez aussi peut-être des rougeurs sur le milieu du visage, les paupières, le front, parfois le nez et la nuque. Pas d'affolement ! Ces angiomes plans, médians, dus à une prolifération excessive des capillaires sanguins à la surface de la peau, ne sont pas des traces de l'accouchement. Ils existaient avant la naissance et vont disparaître spontanément au cours des deux ou trois premières années : ceux de derrière pas systématiquement, mais ils seront cachés sous les cheveux ; quant à ceux du visage, un nouveau-né sur trois en a mais aucun adulte ne les a gardés. Je me souviens d'un petit Victor, arrière-petit-fils d'un célébrissime général, qui naquit le 14 juillet, avec un magnifique V de la victoire flamboyant au milieu du front. Il ne lui en reste plus rien aujourd'hui.

Contrairement à ce que l'on croit habituellement, toutes ces « taches de naissance » ne sont pas héréditaires et encore moins le résultat d'envies non satisfaites au cours de la grossesse. Seules les taches dites mongoloïdes (car on croyait dans le temps qu'elles venaient du pays des Mongols) sont des taches ethniques, caractéristiques des gens du Sud (à partir du quarante-cinquième parallèle) et du Proche- ou Extrême-Orient. De couleur gris ardoisé, elles se trouvent sur le bas du dos, les fesses, les organes génitaux, mais aussi les épaules ou les bras, et elles s'effacent en quelques années.

En revanche, une lésion anormale justifierait une prise en charge dermatologique plus ou moins précoce. Il en est ainsi des taches lie-de-vin, asymétriques et étendues – qui sont une catégorie tout à fait à part et rare d'angiomes immatures – et aussi des nævus, pleins de mélanine, ce pigment qui colore les grains de beauté ; taches brunes ou noires, elles devront impérativement être enlevées avant la puberté lorsque leur diamètre dépasse un centimètre.

Certaines particularités inquiètent les mamans : elles remarquent au fond du palais des petits boutons blancs, translucides, que nous appelons perles épithéliales et qui, tout à fait normaux, disparaissent en quelques semaines. Le fameux frein de langue est habituellement court ; certains médecins le coupaient en pensant que ça permettrait au bébé de mieux téter et que ça lui éviterait de zozoter plus tard. Actuellement, les stomatologistes d'enfants nous conseillent de ne pas y toucher et de le laisser s'étirer tout seul. Et puis, même si c'est exceptionnel, il peut y avoir des germes dentaires, comme ce fut le cas pour Napoléon ; le plus souvent, ces dents sont imparfaites et on est amené à les enlever.

Le nez est souvent aplati, voire un peu de travers : sa ligne va se rectifier en quelques jours. Dans le cas où il est complètement dévié (par luxation de la cloison), les médecins ORL savent maintenant le redresser très simplement.

Les paupières sont souvent gonflées d'eau pendant les premiers jours, de façon plus ou moins asymétrique, ce qui gêne un peu l'ouverture des yeux. Lorsque votre bébé ouvre un œil, ou les deux, vous vous apercevez qu'ils sont généralement bleu marine, la couleur définitive n'étant acquise que dans la première année. Certains bébés louchent de façon intermittente jusqu'à trois ou quatre mois ; si cela se prolongeait au-delà, une consultation d'ophtalmologie pédiatrique s'imposerait. Elle serait urgente si le strabisme était continu, et cela quel que soit l'âge.

Quant aux cheveux, il peut n'y en avoir aucun ou à l'inverse beaucoup ; toujours noirs chez les enfants noirs, ils sont chez les autres d'une couleur variable qui n'est pas toujours définitive. Si l'on reconnaît les futurs roux, un blond nordique peut s'avérer un futur brun corbeau. Enfin, certaines chevelures tomberont, c'est imprévisible.

Lorsque les parents contemplent le visage de leur bébé, ils ne se lassent pas du vieux jeu des ressemblances, avec parfois des surprises : « Mais que fait ici mon beau-père ! » s'exclamait une maman alors que l'on venait de poser son fils sur son ventre.

La peau du corps du bébé est fine, souvent recouverte d'un fin duvet laineux sur les épaules, le dos, parfois le front et les joues (ce *lanugo* disparaît en quelques semaines ou en quelques mois). Si elle est d'un rose parfois soutenu chez le bébé blanc, on note souvent les premiers jours que les mains et les pieds sont violacés, les membres marbrés. En effet, avant de s'adapter parfaitement à la température extérieure, le bébé économise de la chaleur, en réduisant la circulation du sang là où elle n'est pas essentielle, au niveau des extrémités ; c'est cela qui les fait blêmir. Les bébés de parents noirs ne naissent pas toujours noirs. Certains ont le teint rose, un peu violine, avec des taches ardoisées. Le teint foncera par la suite.

À la naissance, la peau est souvent sèche et le nouveau-né pèle au cours des premiers jours (surtout les enfants noirs) ; c'est un peu comme une mue qui lui laissera cette merveilleuse « peau de bébé » si douce à caresser. Le graisser à l'huile d'amande douce ou au beurre de karité m'a toujours semblé inutile, excepté pour le plaisir des mamans... et des bébés.

Les mains et les pieds, surtout ceux des bébés nés après terme, peuvent être tout fripés, avec de larges lamelles de peau qui se détachent spontanément, et des ongles très longs.

Sur le reste du corps, on voit fréquemment apparaître une éruption faite de taches rouges surmontées d'un point jaunâtre, qui ressemble à de l'urticaire. C'est pourquoi elle fut dans le temps nommée érythème toxi-allergique, alors qu'elle n'est d'origine ni toxique ni allergique, mais inconnue. Peut-être une réaction à la lumière. Elle ne gêne pas le bébé et disparaît sans traitement aussi vite qu'elle est venue, au bout de dix à quinze jours.

Le cordon ombilical, d'un blanc tirant sur le bleu, a été ligaturé puis coupé à la naissance, ce qui est totalement indolore et absolument indispensable rapidement. Cela évite deux dangers : – la fuite de sang du bébé vers le placenta, ce qui serait pour lui l'équivalent d'une hémorragie, avec ses risques ; – l'afflux de sang du placenta vers le bébé entraînant un excès de globules rouges qui peut être grave. Ce cordon va sécher, se rétracter, noircir, puis tomber sans aucune douleur en cinq à dix jours, rarement plus. L'ombilic finit ensuite de sécher. Il arrive qu'un bourgeon charnu s'y forme. Il faudra le cautériser avec du nitrate d'argent dans les premières semaines. Il est banal que le nombril, une fois sec, bombe un peu du fait d'une hernie ombilicale d'un ou deux centimètres (parfois davantage, surtout chez le bébé noir). Elle se réduit spontanément en quelques mois, exceptionnellement quelques années. Y mettre une pièce de monnaie ne sert à rien. L'indication de la fermer chirurgicalement est rarissime.

Quant au sexe du nouveau-né, il est aussi examiné soigneusement. À ce propos, ne vous inquiétez pas lorsque vous trouvez la couche de votre bébé imbibée d'urines qui semblent sanglantes : elles ont pris une couleur orangée, car elles contiennent des cristaux d'urates qui virent à l'orange au contact de l'air.

Chez la fille, dont les grandes lèvres sont gonflées, on s'assure que les petites lèvres ne sont pas collées et que le vagin est perméable. Les écoulements vaginaux sont fréquents : souvent il s'agit de glaires translucides, parfois même de pertes de sang, ce qui est normal. Pendant quelque temps, une ou deux languettes d'hymen peuvent dépasser de la vulve.

Chez le garçon, le prépuce recouvre normalement le gland auquel il adhère. Il peut exister parfois une petite circoncision naturelle, voire un orifice urétral situé trop bas, qui justifierait ultérieurement une légère intervention. Il n'y a sinon aucune raison d'ordre médical pour faire circoncire votre garçon. Vous pouvez en revanche, bien sûr, le faire sans crainte pour des raisons d'ordre religieux ou culturel. Certains conseillent l'application d'une pommade anesthésique avant la circoncision si celle-ci n'est pas faite sous anesthésie générale. Le scrotum, souvent enflé, peut contenir du liquide qui se résorbera en quelques semaines. Quant aux testicules, on s'assure qu'ils sont déjà descendus dans les bourses, ce qui a lieu habituellement dès la naissance. Sinon, ils descendent le plus souvent spontanément dans les premiers jours ou les premières semaines. Si ce n'était pas le cas, un avis spécialisé s'imposerait. Quant à la verge, de taille variable, elle peut apparaître toute petite parce qu'elle est en partie enfouie dans la peau et la graisse devant le pubis. Que le papa se rassure !

Si la poitrine, du garçon comme de la fille, gonfle après la naissance, parfois même avec un écoulement de lait, cela passera tout seul en quelques jours. Si votre voisine vous conseille de mettre un bandage, une crème, voire de presser les seins pour les vider, n'en faites rien ! Parfois, il existe un troisième mamelon qui, lui, ne grossira pas à la puberté.

Enfin, l'extrémité du sternum pointe souvent sous la peau chez le nouveau-né, alors que chez l'adulte elle a plutôt tendance à être invisible.

L'examen complet que nous pratiquons consiste aussi à vérifier l'intégrité des systèmes et des organes invisibles.

Du squelette d'abord, en s'assurant de l'absence de luxation congénitale des hanches. On sait aujourd'hui qu'elle est davantage liée à des problèmes de position du fœtus dans le ventre de sa mère qu'à l'origine géographique des familles. Pauvres Bretons ! S'il est vrai qu'on trouve dans le Finistère-Sud une zone où cette malformation est familiale et fréquente, ce n'est pas une raison pour que les millions de Bretons ou descendants de Bretons craignent pour les hanches de leurs enfants. C'est la famille qui compte, pas la région ! Une famille de luxés alsaciens est beaucoup plus « à risques » qu'une famille de Bretons sans luxation. De nos jours, grâce au diagnostic précoce, on met en place un suivi orthopédique qui assure presque toujours la guérison complète à trois mois. Il suffit pour cela de langer le bébé cuisses écartées, genoux à hauteur des hanches, pas avec une couche trop grande comme on le dit encore trop souvent, mais avec un lange spécial pendant un trimestre pour que les os de sa hanche se replacent parfaitement. Cette particularité ne concerne que 1 à 2 % des nouveau-nés. En cas de doute ou de risque accentué, par exemple la naissance en position de siège, on fera une échographie des hanches quand le bébé aura un mois ou une radio du bassin à quatre mois.

Liées aussi à la position *in utero*, les anomalies des pieds sont fréquentes. Ils peuvent être arrondis vers l'intérieur ou trop fortement fléchis ; un traitement kinésithérapique simple est d'autant plus efficace qu'il est plus précoce, commencé dès les premiers jours. Parfois, les orteils se chevauchent les uns les autres... Ce sont les pieds du père ! Ou de la grand-mère ! Quant aux jambes, elles sont normalement arquées car elles s'appuyaient sur la paroi arrondie de l'utérus ; elles se redresseront dans les semaines à venir.

Enfin, on s'assure que tous les os sont intacts. Parfois, en particulier si l'expulsion a été très difficile, on peut trouver une fracture de la clavicule. Sauf exception, cela n'a aucun caractère dangereux, mais c'est douloureux ; aussi doit-on éviter de coucher le bébé du côté de la fracture, et ne pas hésiter à lui donner du paracétamol s'il se plaint. Aucun autre traitement n'est nécessaire puisque la fracture se ressoude spontanément en moins d'un mois.

On vérifie aussi les organes internes : on palpe l'abdomen pour évaluer la taille du foie, de la rate, des reins. Dans le thorax, on écoute les poumons et surtout le cœur. Il est banal d'entendre dans les premiers jours un souffle cardiaque qui ne doit pas inquiéter. C'est un petit bruit qui disparaît le plus souvent tout seul en quelques jours sans qu'il s'agisse d'une malformation cardiaque. Une consultation cardiologique avec échographie lèverait un éventuel doute. Enfin, en palpant toutes les artères, on vérifie que le sang circule librement dans tout le corps.

Pendant cet examen, nous prenons toutes les précautions pour éviter à votre bébé d'avoir mal, de crier ou de pleurer : nous lui avons donné un biberon à téter ou un doigt à sucer, nous avons réchauffé nos mains et le stéthoscope et nous avons limité les manœuvres douloureuses. Nous vous avons invitée à lui parler, et nous-mêmes nous sommes souvent adressé directement à lui.

Ce bébé est donc en bonne santé. Mais que vit-il ? Et que sait-il faire ?

3

Le savoir-faire des nouveau-nés

D'emblée, votre nouveau-né est capable de faire un certain nombre de choses indispensables à sa survie. Avec une énergie étonnante, il respire, appelle, tète, bouge et se déplace.

Équipé pour vivre

Commc tous les bébés mammifères, le bébé humain est organisé avec les activités réflexes qui lui permettent de s'alimenter : il crie pour appeler sa mère détentrice des mamelles dispensatrices de lait, nourriture bénie. Au besoin, il déplace seul son corps et dans un réflexe de fouissement va chercher et trouver le sein. Un réflexe d'orientation lui permet de guider sa bouche vers le téton ou la tétine, lorsque le pourtour de ses lèvres en est effleuré. Et, une fois le téton en bouche, la tétée est possible grâce à un réflexe de succion dont la vigueur étonne : il suffit pour vous en apercevoir de mettre votre petit doigt dans sa bouche, l'ongle côté langue : vous le sentirez très vigoureusement aspiré.

Il sait aussi parfaitement cesser de téter lorsqu'il est rassasié. Nulle gourmandise, nulle incitation extérieure ne peut alors le contraindre à continuer de manger. Il relâche le téton s'il est repu, et au besoin le repousse vigoureusement avec la langue si l'on insiste. Cela dit, il peut à l'inverse être animé d'un pur besoin de succion, ce qui l'amène à conserver en bouche le téton ou la tétine, en continuant à le sucer mais sans mouvement de déglutition. On s'en aperçoit mieux chez les bébés au biberon : on peut les voir ainsi rester de longues minutes à téter sans que le niveau du lait baisse pour autant.

On s'aperçoit aussi que, lorsque très tôt l'enfant suce son pouce – sans doute parce qu'il avait commencé à le faire dans le ventre maternel –, il est déjà capable de coordonner les mouvements de la main vers la bouche, et de la tête en direction du pouce.

Il respire efficacement mais, au début, exclusivement par le nez (sauf, bien sûr, quand il crie). En cas de gêne nasale, il est capable de vider seul son nez, non pas évidemment en se mouchant, mais en éternuant. Il va même pouvoir le dégager du plan du lit s'il a été couché sur le ventre : il lui suffit de soulever sa tête et de la tourner, ce qu'il sait parfaitement faire.

Voilà qui le distingue radicalement du petit être sans force et sans ressource que pendant des siècles on a cru voir. D'ailleurs, en dehors de ces fonctions vitales, le nouveau-né déploie une grande activité.

Spontanément, lorsqu'il est couché sur le dos, il ramène ses bras et ses jambes fléchis contre son corps, se mettant ainsi dans la posture qu'il avait dans sa vie antérieure. On est d'ailleurs capable de retrouver presque exactement la position qu'il occupait *in utero* en le « repliant » doucement. À l'inverse, si on essaie de lui étendre bras et jambes, non seulement il nous signifie son mécontentement par un cri, mais ses membres se replient dès qu'on les lâche.

Dormant le plus souvent dans cette position, il est agité dans son sommeil de petits sursauts, de mouvements de plaisir ou de déplaisir, de tremblements du menton ou des doigts, voire de petits pleurs. Parfois, sa respiration s'accélère, se renforce bruyamment, ou, au contraire, se suspend quelques secondes. Bref, il vit en dormant, comme tout un chacun.

Lorsqu'il est éveillé et gesticule, ses mouvements qui alternent flexion et extension des membres sont volontiers asymétriques. Les mains et les doigts s'ouvrent et se ferment doucement, esquissant parfois de beaux gestes de danses balinaises. La tête se tourne vers ce qui l'intéresse, votre visage, votre voix, le sein ou le biberon qu'il va prendre en vous fixant intensément, tous sens en alerte durant les quelques minutes où il est disponible.

L'examen neurologique par lequel nous terminons dévoile d'autres compétences extraordinaires du nouveau-né. Ne vous inquiétez pas si on lui fait réaliser ce qui peut vous apparaître comme des exploits, si on le manipule d'une façon moins délicate que celle que vous attendiez. C'est simplement que nous n'avons aucun doute sur sa solidité.

Ainsi nous n'allons pas hésiter à nous assurer que le nouveau-né tient sa tête tout seul, sans risque de fracture ou de « coup du lapin ». Non, la tête ne va pas se décrocher si on ne la tient pas ! Si l'on assied votre enfant en le tenant par les épaules, on peut vérifier que son cou supporte sa tête, même si parfois elle ballotte un peu en avant ou en arrière, surtout quand il dort. Que cela ne vous interdise pas de lui soutenir la tête, mais sachez que ce geste n'a rien d'obligatoire ni de vital. Si parfois vous oubliez de le faire, vous ne lui faites courir aucun danger, il s'en arrangera parfaitement tout seul.

Au cours de l'examen neurologique, nous allons retrouver des activités multiples que nous pouvons classer en deux catégories : un groupe d'activités très anciennes, primitives, archaïques, par lesquelles le nouveau-né nous indique à quel point nous sommes, nous les humains, reliés à la chaîne animale ; un groupe de compétences plus récentes, spécifiquement humaines, par lesquelles il s'en distingue radicalement.

À la recherche des temps perdus

Nous avons déjà rencontré quelques-uns des réflexes archaïques, ceux qui sont indispensables pour assurer la survie du petit d'homme : cri pour exprimer la faim, réflexe de fouissement, réflexe d'orientation, réflexe de succion, réflexe de satiété.

Il en est d'autres, plus complexes, qui semblent bien nous venir des périodes antérieures de l'évolution des espèces. S'ils sont apparents chez le nouveau-né et ne le sont plus ensuite, ce n'est pas parce que les structures nerveuses qui les permettent disparaissent. Elles sont toujours là, chez vous, chez moi, chez tous les adultes. Mais chez le nouveau-né, les structures cérébrales exclusivement humaines, bien qu'elles existent et fonctionnent, ne sont pas devenues suffisamment prééminentes pour avoir pris le contrôle des structures plus anciennes et les dissimuler.

Quand je regarde un bébé nouveau-né, je regarde un humain à qui on n'a encore rien appris, un humain totalement illettré, un humain qui n'est pas encore dans les interrogations métaphysiques ni scientifiques. Je peux l'observer d'une façon inhabituelle pour un médecin : pas seulement pour qu'il me dise s'il est malade ou pas, normal ou pas ; pas seulement comme un pathologiste. Mais, disons, comme un paléontologiste. Serait-on à même, en l'effeuillant, de remonter l'histoire de l'humanité, depuis ses dernières pages jusqu'aux tout premiers chapitres du règne animal ?

En le considérant sous cet angle-là, j'ai toujours été émerveillé de voir le bébé dessiner les étapes, les marquer une à une, et nous révéler ainsi tout de nous jusqu'aux origines. Vous aussi, vous pouvez le voir sans aucune difficulté et le décrypter sans avoir besoin de tout savoir des neurosciences et de l'archéologie. Le nouveau-né est un vivant archéogramme.

Poisson encore, il nage comme un poisson, donnant de vigoureux coups de nageoire. Voici ce que les neuro-pédiatres nomment le « réflexe d'incurvation latérale du tronc » : si l'on soulève un bébé en le soutenant sous le ventre et qu'on stimule la partie latérale de sa colonne vertébrale, on déclenche un réflexe archaïque qui lui fait basculer tout le bassin du côté stimulé. Et si on stimule l'autre côté de la colonne, le bassin repart en sens inverse. En stimulant alternativement l'un et l'autre côté, on déclenche un battement du bassin qui fouette l'air d'un côté à l'autre, et on peut y reconnaître alors comme la nageoire caudale d'un poisson qui fouette l'eau de son battement propulseur. Les vétérinaires connaissent bien chez les poissons ce « réflexe de la ligne latérale ». Le bébé nous révèle d'emblée notre part d'héritage du plus lointain de nos ancêtres, le poisson.

Franchissons quelques centaines de millions d'années. À travers un autre réflexe archaïque que nous nommons « réflexe de dégagement du bras », nous retrouvons un fonctionnement apparemment reptilien. Reposons le bébé sur le ventre, les bras repliés en arrière le long du corps. Il va redresser la tête, tirer sur une épaule puis sur le bras pour le faire repasser devant lui. Une fois ce bras dégagé, parfois avec un peu d'aide, il va effectuer la même manœuvre de l'autre côté. Ayant ainsi dégagé ses deux « pattes avant », il va ramper, tête dressée, en alternant bras et jambes. Avançant d'autant plus aisément qu'on fournit un appui à ses « pattes arrières », il peut ainsi franchir une distance de un à plusieurs mètres de son allure de petit lézard.

Quittons ce bébé « jurassique » et pénétrons dans l'univers plus récent des mammifères. L'homme, qui en fait partie, se situe davantage du côté des mammifères herbivores que de celui des carnivores. Or, outre s'alimenter, quelle est la première chose que doit savoir faire un bébé herbivore pour survivre ? Courir ! Fuir à toutes pattes aux côtés de sa mère afin d'échapper aux prédateurs lancés à sa poursuite ! Condition indispensable de survie, la course doit être possible dès les premières heures de vie pour ces espèces dont elle constitue la plus efficace des armes défensives, voire la seule. Les herbivores savent marcher et courir dès la naissance.

Ce réflexe vital de la « marche automatique », nous en retrouvons la trace chez le nouveau-né. Lorsque, en le maintenant sous les aisselles, on met le bébé en position presque verticale, on le voit se redresser sur ses jambes, les étendre et les maintenir étendues. Il tient debout en appui sur notre main. Puis, si on l'incline vers l'avant, il va lever une jambe, la fléchir, l'avancer pour la reposer en ayant fait un pas. Il fera la même chose ensuite avec l'autre jambe, alternant alors les pas dans une marche qui peut même lui faire franchir de petits obstacles ou monter des marches.

Nous ne sommes plus du tout des poissons ni des reptiles, même s'il nous en reste des vestiges encore visibles, mais nous sommes toujours des mammifères herbivores, issus de l'une des familles de primates qui ont vécu il y a dix ou vingt millions d'années. Comme eux, nous avons perdu certains automatismes d'action pour les remplacer par des fonctions plus élaborées dont la maîtrise, rendue possible grâce à un cerveau plus gros, nécessite un long apprentissage.

Au fur et à mesure que se sont étendues les capacités des espèces complexes, au fur et à mesure que s'allongeait le temps des apprentissages, les petits sont devenus de moins en moins autonomes. Cette situation est la nôtre, comme celle de nos cousins les grands singes actuels – orangs-outangs, chimpanzés, gorilles – dont, il faut le dire, nous sommes très proches. Savez-vous que le chimpanzé et l'homme ont 99 % du matériel génétique commun ? Bien sûr, le 1 % fait toute la différence : c'est grâce à ce petit 1 % que nous parlons, que nous écrivons, que nous lisons, que nous établissons entre nous et le monde des relations si particulières qu'elles nous ont permis d'inventer l'agriculture, la roue, la tragédie grecque, l'imprimerie, le moteur à explosion et l'ordinateur.

On a donc bien du mal à reconnaître dans l'espèce humaine (ou à accepter d'y reconnaître) la trace des ascendances simiesques. Et pourtant, elle existe chez l'humain le plus fruste d'il y a trois ou quatre millions d'années comme chez l'homme le plus savant de l'an 2000.

En examinant aujourd'hui un petit d'homme, nous voyons des choses semblables à ce qui existe chez les bébés singes, tout comme nous les aurions observées au néolithique.

La spécificité des singes, c'est qu'ils ont cessé d'être des quadrupèdes pour devenir des quadrumanes – animaux à quatre mains. Aptes du coup à vivre dans les arbres, ils ont pu non seulement se nourrir de leurs fruits, mais aussi s'y mettre à l'abri pour échapper à leurs prédateurs. Comme les petits sont agrippés solidement à la toison de leur mère avec leurs quatre mains, en cas d'alerte, c'est celle-ci qui s'enfuit, dispensant ainsi sa progéniture de courir, contrairement aux petits des espèces moins évoluées. La survie de l'espèce, mieux assurée, repose ici sur la mère dont le petit devient dès lors plus dépendant. Encore faut-il qu'en cas de danger imminent elle puisse, si elle l'a déposé dans l'herbe un moment, le récupérer sans aucune perte de temps pour gagner l'abri des branches : une simple tape donnée sur le ventre de son petit couché sur le dos lui permet, sans ralentir sa course, de déclencher chez lui un réflexe brusque d'agrippement des quatre mains. Pendant qu'elle passe au-dessus de lui, ventre à terre, celles-ci la saisissent au vol et s'y accrochent. Sauvés !

Le nouveau-né humain est capable de s'accrocher de ses deux mains avec une vigueur telle qu'il peut décoller bien haut et se balancer en l'air sans lâcher prise. Certains même, rares il est vrai, n'ont besoin que d'une seule main pour réaliser cet exploit.

Ce réflexe d'agrippement, appelé *grasping* par les Anglo-Saxons, existe aussi pour les « mains du bas », les pieds. Certes leurs doigts ont raccourci depuis que l'homme, s'étant mis à marcher debout, est devenu l'Homme, mais malgré leur incapacité de la préhension, les orteils du bébé se fléchissent encore dans une tentative d'agrippement lorsque la plante de ses pieds est stimulée, et montrent qu'ils conservent la trace de ce qu'ils furent !

Quant au fameux « réflexe de Moro », nous évitons actuellement de le rechercher, car c'est désagréable. Il faudrait en effet faire réagir le bébé à une agression – une petite tape, un bruit sec, un mouvement brusque de la nuque. On verrait alors le bébé ouvrir instantanément ses quatre membres, puis les ramener brusquement fléchis en fermant ses doigts et ses orteils sur une toison qui n'existe plus.

Au travers des réflexes archaïques recherchés par les médecins, le bébé nous dit tout de l'évolution de l'espèce.

Nous voici arrivés au seuil de l'humanité. Montant étage par étage, couche par couche, depuis la nuit des temps jusqu'à la dernière en date des étapes, nous voilà parvenus à celle qui va voir s'épanouir le cerveau humain avec ses compétences si particulières. Le bébé les a toutes, dès sa naissance. Toutes ébauchées et bien plus nombreuses que plus tard. Ensuite, du fait des élagages que lui imposeront son propre développement et la socialisation, beaucoup vont disparaître et permettre ainsi l'épanouissement de celles qui font du bébé un être exclusivement humain.

À la naissance, unique parmi tous les êtres de la terre, le bébé humain voit coexister en lui la totalité des possibilités du règne animal : encore visibles les vestiges fonctionnels de toute l'histoire des espèces antérieures ; déjà visibles les prémices des possibilités infinies du cerveau humain qui, en s'épanouissant, vont en faire un homme aux capacités uniques. Leur éclosion et leur efflorescence vont dissimuler puis recouvrir complètement les traces des plus lointains ancêtres ; elles finiront par les enfouir au plus profond de son fonctionnement neurologique. En quelques mois – environ cent jours – les réflexes archaïques auront disparu. Le nouveau-né, individu frontière, sera devenu un bébé.

Les exploits des nouveau-nés

Depuis deux ou trois décennies, depuis qu'on a bien voulu admettre, en particulier grâce à Françoise Dolto, que le bébé était une personne, de nouvelles pistes et de nouvelles modalités d'examen ont confirmé cette évidence de façon indéniable. Auparavant, on ne l'examinait que comme une bestiole. Amiel-Tison, Brazelton et Grenier, entre autres, ont observé les bébés autrement. Examens neurologiques à l'appui, les pédiatres se sont mis à considérer le bébé comme un véritable humain.

Ainsi, après que des générations de médecins ont traité de folles des générations de mères qui leur affirmaient que leurs bébés voyaient dès la naissance, il est maintenant avéré que le nouveau-né voit.

Il ne voit pas seulement la lumière, qui d'ailleurs le gêne et dont il se protège lorsqu'elle est trop vive ; il ne voit pas seulement les ombres et les lumières, il discerne les contours des objets, les lignes qui délimitent les plages de couleurs. Tout cela n'est pas d'une netteté extraordinaire, c'est même plutôt flou. Il voit comme quelqu'un qui aurait perdu ses lunettes, mais il distingue assez bien les objets colorés, aux formes simples et à condition qu'ils soient assez proches de lui, comme la petite balle rouge de Brazelton.

D'emblée, il est capable de suivre du regard le déplacement d'un objet ou d'une personne pendant de courts moments, parfois quelques minutes, quand il est bien éveillé.

Mais ce qui l'intéresse le plus, c'est le visage humain. Il ne se contente d'ailleurs pas de le voir ; il le regarde avec une attention soutenue, même dans la pénombre, faisant tous les efforts nécessaires pour continuer à le regarder lorsqu'il bouge, tournant les yeux et la tête d'un côté à l'autre. Ses yeux et sa mimique marquent toute l'attention qu'il met dans ce regard, tous les efforts qu'il fait pour entrer en communication.

Dès les premiers jours, il se passionne pour votre visage qu'il voit si souvent à quelques centimètres du sien, puis pour le visage de son père, généralement moins souvent là. Il décrypte avec précision les émotions qui passent, surtout celles que vos yeux expriment. Il peut même arriver dès cet âge qu'il vous sourie d'un vrai sourire dirigé... mais c'est rare !

Il vous regarde le regarder vous regardant. Avec une concentration qui peut être extrême, il interroge vos yeux, tâchant d'y déceler dans la moindre expression ce que vous attendez de lui. Et, par là, il vous questionne sur le bien-fondé de son entreprise-vie.

Son regard vous transmet toute l'étendue de son discours muet. Je me souviendrai toujours de cette soirée de mars où, quelques minutes après sa naissance toute tranquille, dans la pénombre qui envahissait la crèche, au milieu d'un silence que ne brisait aucun cri, une petite Laure a passé près d'une heure à me dévisager sans me lâcher des yeux.

On sait aussi que le nouveau-né entend. Bien plus, il écoute ce qui lui est dit, décryptant dans votre voix le ton, l'humeur, les intentions, les désirs et les refus. Il est déjà, comme tout être humain, fondamentalement un être de paroles et de langage. D'autant plus intéressé par le bruit si c'est celui d'une voix humaine, d'autant plus attiré par une voix humaine si elle a un timbre féminin, d'autant plus passionné par une voix féminine si c'est la voix de sa mère. Il l'écoute, fasciné, lui parler et lui chanter des berceuses ; il y retrouve l'univers de communication langagière qu'il a connu durant toute sa vie sous-marine. Et dans son phrasé, il va réagir particulièrement aux mots qu'il n'a jamais entendus auparavant et s'y intéresser jusqu'à ce qu'il les ait intégrés à son dictionnaire intérieur. Très vite votre bébé identifie votre voix et comprend votre langage. Vous pouvez donc lui parler des choses de sa vie.

Son sens du goût a déjà été bien formé pendant sa vie aquatique où il ne cessait de boire le liquide amniotique, dont la saveur changeait continuellement, au gré de votre alimentation. Il a connu le goût des fraises au printemps, des pêches en été, de la dinde à Noël et de l'agneau à Pâques. Et maintenant votre lait qui change de goût à chaque repas !

Quant à l'odeur de votre corps, il ne lui faut que quelques jours de contact pour la reconnaître parfaitement.

Ainsi, non seulement il noue avec vous d'intenses relations sensorielles, mais il discerne vos intentions et en tient compte. Son aptitude à être consolé par vos paroles et vos caresses vous est bien connue, c'est le signe du bien-être qu'il éprouve à être par vous rendu bienheureux. Prenez-le dans vos bras quand il vous le demande, caressez-le, non seulement vous ne l'abîmerez pas, mais vous lui offrirez ce qui lui est indispensable pour se tranquilliser dans ce monde nouveau et un peu inquiétant : la sécurité. Maintenu contre votre corps par vos bras, noyé dans votre parfum, avec votre voix dans ses oreilles et votre visage dans ses yeux, il va pouvoir affronter sans crainte le monde extérieur. Comme il va vous aimer pour ça !

Bien plus, au-delà des aptitudes qui le situent dans l'interrelation avec sa mère, le nouveau-né est capable, de façon autonome, d'assurer en partie son bien-être. Pour se faire du bien, pour s'autorassurer, pour s'autoconsoler, il sait mettre en œuvre un certain nombre de gestes. Fermer les yeux, détourner la tête, se retourner lui permet de se protéger des lumières agressives. À l'inverse, il peut retirer de devant ses yeux un linge qui l'empêche d'y voir. Lorsque des sons trop forts l'assaillent, il tente de s'en isoler en criant plus fort. Par exemple, lorsque la chambre de maternité est envahie par dix personnes qui se congratulent, s'esclaffent, discutent bruyamment sans tenir aucun compte de cette petite personne qui dormait jusque-là ! On ne se rend pas compte qu'en lui enjoignant de se taire tout en lui enfournant une tétine dans la bouche, on l'empêche de se protéger du bruit.

Il sait aussi amener sa main auprès de son visage pour pouvoir, par la succion de son pouce, faire diminuer sa tension intérieure et retrouver ainsi paix et sérénité.

Ces pratiques lui permettent de combattre l'appréhension, de se tranquilliser, de se détendre. Il est facile d'imaginer ce qu'il ressent lorsqu'on s'évertue à contrecarrer cette activité de consolation sous le prétexte fallacieux que « ce n'est pas bon pour lui ». Ainsi, lorsqu'on lui retire le pouce de la bouche parce qu'on craint que ça lui déforme le palais : crainte non fondée, cela ne sera pas vrai avant six ou huit ans, lorsque arriveront les dents définitives. Inutile donc d'arrêter le geste du tout-petit : cela aurait pour seul résultat de le mettre mal à l'aise, sans faire aucun bien à ses dents... absentes ! Laissez-le tranquillement sucer son pouce jusqu'à la grande école.

Pour avoir accès aux possibilités les plus étonnantes du nouveau-né, nous utilisons la méthode de la « motricité libérée » mise au point par Grenier. On savait déjà que, bien calé sur une main qui lui assure un bon soutien dorsal, il peut y tenir assis. Mais sa tête est si lourde qu'elle l'entraîne vers l'avant, puis vers l'arrière quand il tente de la rétablir dans l'axe de son corps. Cela le fait vaciller et entrave ses possibilités. On le dégage de sa relative impotence en assurant nous-mêmes l'équilibre de sa tête. Soutenant son torse avec la main gauche, on l'assied sur le lit, tandis qu'avec la main droite posée doigts écartés sur son crâne, on évite à son cou l'effort nécessaire pour maintenir la tête. Le nouveau-né redresse alors le torse et la tête et, une fois que la main gauche s'est retirée, il peut rester de longues minutes assis à communiquer silencieusement avec nous. Il se tourne vers la personne en compagnie de laquelle il est, la regarde avec des yeux passionnément intéressés, puis il tend la main, cherchant à attraper son doigt. Il ne s'agit plus alors d'un réflexe, mais d'un acte dirigé pour saisir l'objet. Puis il ouvre ses mains dans un geste d'offrande ou d'accueil.

En poursuivant cet entretien adulte/bébé nous allons même pouvoir observer des activités autonomes, quasiment ludiques. Puisqu'il est capable de se redresser jusqu'à pouvoir rester assis, parfois même sans aucune aide, sans aucun soutien, pendant plusieurs secondes, on l'installe seul sur un petit banc face à un petit bureau, le tout à son échelle, bien entendu. Lorsqu'il découvre un jouet sur son bureau, il s'y intéresse avec enthousiasme, le regarde, le touche, puis joue avec en le passant d'une main vers l'autre, parfois durant plusieurs minutes.

Une fois ses capacités motrices libérées, le nouveau-né réalise d'authentiques prouesses. Tout ce savoir faire d'être humain dont le bébé témoigne et qui vous enchante, vous pourrez le découvrir durant le séjour en maternité. Après avoir vu tout cela, il n'est plus possible de penser que le nouveau-né n'est pas quelqu'un comme vous et moi.

Votre bébé n'est pas fragile. Prenez-le tranquillement dans vos bras, il aspire à communiquer, comme tout être humain. Échangez avec lui, sans retenue.

4

Normes, anomalies, moyennes

Revenons à la dimension médicale de nos observations. À la fin de l'examen, le médecin ne dit pas que votre bébé est parfait, mais il peut dire qu'il est normal. Mais cette normalité n'est pas un certificat de garantie. Ce n'est pas parce qu'on est normal qu'on n'est jamais malade. Cela signifie simplement, mais c'est essentiel, qu'on est fabriqué comme les autres.

Dans les jours qui suivent la naissance, on vérifie un certain nombre de données qui sont autant de critères de bonne adaptation à la vie aérienne. On les surveille en maternité pour qu'il ne soit pas nécessaire de les surveiller chez vous. Vous ne devrez donc pas faire à la maison ce que nous faisons à la maternité.

Nous prenons sa température, en plaçant de préférence le thermomètre sous le bras. Si l'on surveille la température chez le nouveau-né, c'est plus pour déceler une hypothermie (baisse de la température) qu'une fièvre, rare à cet âge.

L'hypothermie est très fréquente puisqu'elle correspond au fait que pendant les premiers jours, le nouveau-né, habitué à vivre au chaud à 37 °C, se retrouve à vivre au frais à 25 °C. Et même si la chambre de la maternité vous semble trop chauffée, elle est souvent pour votre bébé une pièce bien fraîche. D'où la nécessité durant ses premiers jours de le réchauffer encore davantage ; parfois dans un berceau chauffant, voire dans un incubateur, cette minipièce chaude dont les parois transparentes nous permettent de l'avoir en permanence sous les yeux et rendent possibles les échanges entre vous. Ce réchauffement sera d'autant plus utile qu'il est plus petit et plus jeune jusqu'à ce que, habillé chaudement, avec bonnet et pull, il puisse rester dans son berceau sans se refroidir. Mais tout cela deviendra vite superflu et vous ne devrez pas le couvrir chez vous comme nous le couvrons à l'hôpital. Vous habillerez votre bébé non pas pour qu'il ait chaud mais simplement pour qu'il n'ait pas froid. Et vous ne prendrez pas plus sa température chaque jour que vous ne prenez la vôtre !

Les petits et les costauds

Nous surveillons son poids, chaque jour. La première chose à en dire, c'est qu'il n'y a pas de différence de qualité entre un bébé de 2,5 kilos et un bébé de 4 kilos. Je suis toujours effaré qu'on dise d'un bébé gros que c'est un beau bébé et d'un bébé menu que c'est une crevette ! Ils sont beaux tous les deux. Il n'y a vraiment que les bébés qu'on félicite d'être gros ! Tout le reste de la vie, dans nos pays, on se bat pour maigrir !

On est tellement obsédé par le poids d'un nouveau-né qu'on le mentionne comme un titre de gloire sur le faire-part de sa naissance ! J'imagine la tête de vos amis s'ils avaient reçu un faire-part avec quelque chose comme : « Antoine (1,75 m, 71 kg) et Isabelle (1,62 m, 51 kg) se marient » !

Entre un bébé de 2,5 kilos et un bébé de 3,5 kilos, il n'y a pas seulement un kilogramme de différence, mais le plus généralement un mois d'écart. Et si un enfant de neuf ans est plus lourd qu'un enfant de huit ans, il n'est pas plus beau pour autant.

La pesée quotidienne en maternité ne vise pas à apprécier les bébés mais à dépister d'éventuelles anomalies. Tout le monde sait qu'un nouveau-né perd du poids durant les premiers jours. Et pourtant, il grossit ! Dans votre ventre le bébé était imbibé d'eau. Comme vous-même. Vous avez pris du poids durant votre grossesse, environ une dizaine de kilos ; c'est bien plus que le poids de votre bébé, du placenta et de la poche des eaux réunis, qui ensemble ne pèsent que cinq kilos environ. Votre corps s'était gorgé d'eau et vous allez perdre, dans les jours qui suivent l'accouchement, certes tout le poids de l'œuf, mais aussi plusieurs litres, donc plusieurs kilogrammes d'eau. Votre bébé va lui aussi éliminer l'eau qu'il a en trop. Il va, au sens strict, se déshydrater, ce qui est une bonne chose puisqu'il était trop hydraté. Or, ce qu'on pèse sur la balance, c'est le bébé avec son eau. S'il grossit de 20 grammes et qu'il perd 120 grammes d'eau, au total son poids diminue de 100 grammes ; dirons-nous qu'il a maigri ? Non, il a séché !

Pendant plusieurs jours, le poids global va diminuer alors que le bébé n'arrête pas de grossir. Comme environ 10 % de son poids est de l'eau superflue, il peut diminuer de 10 % sans que cela soit surprenant. Au-delà d'ailleurs, ce n'est pas inquiétant, mais nous devons nous assurer de deux choses : d'abord qu'il ne perd pas trop d'eau, et que donc il ne se déshydrate pas excessivement, ensuite, qu'il a bien suffisamment à manger pour grossir. Si ce n'est pas le cas, il faudra alors tout simplement le nourrir davantage pour voir sa courbe de poids repartir à la hausse. Même s'il n'a pas retrouvé son poids de naissance en sortant de la maternité, on est certain qu'il le retrouvera bientôt. En revanche, cela peut prendre plus de temps que les trois premiers jours dont on parle comme si c'était la limite autorisée. Cela peut mettre une semaine, voire deux, et même parfois plus. C'est vrai surtout pour les bébés nés avant terme. Un bébé né à trente-six semaines, par exemple, même s'il pèse 3 kilos, va mettre souvent beaucoup plus de temps à « démarrer » qu'un bébé de 2, 2 kilos bien à terme qui décolle souvent comme une fusée. Un bébé immature peut mettre du temps à amorcer une courbe de poids flatteuse, ce qui retarde l'heure de sa sortie.

Cette courbe de poids est extrêmement variable. Elle peut avoir la forme décrite habituellement comme un V. Mais cela n'a rien d'universel ni d'obligatoire. Toutes les situations suivantes, très diverses, sont normales :

– Le poids qui augmente ou reste stable durant trois ou quatre jours, avec perte d'eau retardée au quatrième ou cinquième jour et baisse du poids juste avant la sortie ; stressant pour vous, cela n'est pas inquiétant pour nous.

– Le poids qui baisse non pas en deux – trois jours mais en cinq – six jours parce que le surplus d'eau s'évacue lentement.

– Le poids qui baisse modérément dès le début mais qui ensuite ne remonte pas, stagnant pendant des jours et des jours. Pas d'inquiétude, il remontera.

– Le poids « montagne russe », qui monte un jour, baisse le lendemain, remonte, rebaisse, etc.

– Plus rarement, le poids ne fait qu'augmenter, ce qui n'est possible que chez le bébé né déjà sec, sans le surplus d'eau habituel.

– Et puis, souvent, le bébé, fatigué par sa naissance comme vous l'êtes vous-même par votre accouchement, reste plusieurs jours à dormir, sans manger beaucoup. C'est encore normal : il récupère.

Tous ces enfants sont normaux, ils ont des courbes de poids que nous savons normales, qui ne signalent aucun danger, même si parfois elles retardent le jour de la sortie. Parfois, on ne laissera sortir tel bébé que plusieurs jours après qu'il aura repris son poids de naissance alors que tel autre sortira aussitôt qu'il l'aura retrouvé et que la plupart rentreront chez eux sans l'avoir repris encore. En fait, la reprise du poids de naissance n'est en rien un critère de sortie de maternité. C'est l'allure globale de la courbe qui nous intéresse et qui fonde la décision. Et puis, sachez-le, la perte de poids n'atteindra jamais le niveau de votre angoisse, qui vous fait craindre que « ce bébé, si petit, si faible, trop faible, soit de plus en plus faible, n'y arrive pas, et qu'il ne reste un jour qu'un petit raisin tout sec au fond du berceau ».

Il peut arriver, pour moins d'un bébé sur mille, que la côte de la simple alerte soit dépassé. Une perte continue de poids, hors des limites admises, tant dans l'intensité de la perte que dans sa durée, peut révéler un problème de santé. Cette situation seule justifiera un bilan complet et un traitement avec, parfois, une hospitalisation.

Ne vous laissez donc pas démoraliser par les « chutes » de poids : la prise de poids au cours des jours et des semaines suivant votre retour à la maison n'a aucune raison de se faire de façon linéaire. Elle se fait presque toujours en dessinant une « ligne brisée ». Sauf prescription exceptionnelle, une pesée une fois par mois chez le médecin est bien largement suffisante. Au-delà, cela ne peut qu'être une excellente façon d'alimenter votre anxiété. Alors, de grâce, pas de pèse-bébé à la maison ! Ça ne fait pas pousser les bébés et ça fait pleurer les mamans.

La surveillance que nous exerçons n'est pas destinée à trouver des maladies, mais à s'assurer qu'il n'y en a pas. Et pourtant que de variations possibles ! Les chiffres qu'on a pu vous mettre en tête ne sont pas des normes ; ils ne sont que des moyennes.

Quand on vous dit que les bébés prennent trente grammes par jour en moyenne, cela ne signifie pas qu'ils doivent prendre trente grammes chaque jour, mais que, en un mois environ, ils prennent un kilo environ. Ils peuvent donc prendre quatre cents grammes en trois jours pour perdre cent cinquante grammes dans les cinq suivants, puis reprendre cinq cents grammes ou mille cinq cents grammes en un mois. Tout cela est normal, même si ça ne fait pas ressembler la courbe de votre bébé à une courbe moyenne.

Tous, ils font une jaunisse

La jaunisse, que les médecins appellent ictère du nouveau-né, inquiète souvent les parents. Pour qu'elle ne vous crée pas de soucis, je vais vous en donner une explication complète.

Les globules rouges (les vôtres, les miens, ceux de votre bébé) sont rouges parce qu'ils contiennent un pigment rouge, l'hémoglobine. Quand l'hémoglobine est détruite, elle se transforme en un autre corps, la bilirubine, qui est un pigment jaune. Nous détruisons en permanence nos vieux globules rouges pour en fabriquer des neufs. Nous fabriquons tous quotidiennement de la « jaunisse » qui s'élimine régulièrement par les urines, d'où leur couleur jaune.

Les nouveau-nés naissent tous avec un stock de globules rouges très important, d'où leur teint rose vif. Ce stock étant trop important, ils vont se débarrasser du surplus en détruisant une grande quantité de globules rouges dans les premiers jours et les premières semaines. Comme ils détruisent tous un excès d'hémoglobine, ils fabriquent un excès de bilirubine qu'ils éliminent plus ou moins bien dans leurs urines. Ils font donc tous une jaunisse, que celle-ci soit visible ou non. Pour la moitié des bébés, la jaunisse est trop faible pour qu'on la voie. Pour l'autre moitié, la quantité de pigment jaune est suffisante pour être visible, au minimum dans le blanc des yeux, au-delà sur l'ensemble de la peau. D'autant plus visible que la peau est plus claire, d'autant moins que la peau est plus foncée. La jaunisse n'est pas une maladie, c'est une coloration.

Hormis quelques rares situations, comme les incompatibilités de groupes sanguins (en particulier rhésus, que nous verrons ci-après), le mécanisme qui entraîne l'ictère est absolument normal et existe chez tous les nouveau-nés. Bien sûr, certains facteurs peuvent l'accentuer. Moins le bébé est mature, plus il a des difficultés à éliminer sa bilirubine, et plus il jaunit. Plus l'excès de globules rouges est important, plus le bébé est rouge, et plus il a de chances de devenir jaune.

Cependant, cet ictère, nous le surveillons parce que la bilirubine peut avoir un effet toxique lorsqu'elle atteint des concentrations excessives. On agit donc parfois pour faire baisser le taux ou pour l'empêcher de monter jusqu'à la zone de toxicité à l'aide de lampes spéciales dont les rayons lumineux détruisent la bilirubine dans la peau. Pour cela, on reste toujours largement à distance du seuil de danger réel. Actuellement, grâce aux moyens techniques dont la médecine dispose, il n'y a plus aucun danger lié à l'ictère physiologique du nouveau-né. Les moyens médicaux que nous mettons en œuvre ne doivent donc pas vous inquiéter. Votre bébé n'est absolument pas en danger.

Pendant ces quelques jours où il est bien jaune et où on le met sous les lampes, ce qui est un peu fatigant, ne soyez pas surprise si votre bébé est un peu endormi, un peu « cuit », et mange moins goulûment. Les jours passant, la bilirubine le gênera de moins en moins. Si on vous laisse sortir avec votre bébé encore un peu jaune, c'est parce qu'il n'y a pas de risque.

On sait que l'allaitement maternel ne fait pas jaunir. Tout au plus peut-il parfois freiner l'évacuation de la bilirubine, favorisant seulement la prolongation de l'ictère. Cela n'a aucune conséquence sur la santé du bébé, d'autant que plus il vieillit, moins l'ictère le gêne. Il peut sortir jaune de la maternité en continuant à téter au sein sans aucun danger. L'ictère ne constitue donc pas une contre-indication à l'allaitement maternel.

Reste le problème des ictères par incompatibilité de groupes sanguins. Le mécanisme est le même, mais fortement accentué par la présence dans le sang de l'enfant d'anticorps dirigés contre certains constituants de ses globules rouges, ce qui favorise leur destruction.

Prenons pour exemple l'incompatibilité rhésus. La paroi des globules rouges est constituée d'un certain nombre d'éléments, comme le mur d'une maison est fabriqué de pierres diverses. La taille des pierres et leur couleur varient selon les régions ; de la même façon les constituants de la paroi du globule rouge varient selon les individus.

Si vos globules rouges contiennent l'antigène rhésus, on dit que vous êtes rhésus positif (Rh +) ; s'ils ne le contiennent pas, on dit que vous êtes rhésus négatif (Rh –).

Si une femme est rhésus négatif et qu'au cours d'une grossesse précédente, aboutie ou non, elle a été en contact avec les globules rouges rhésus positif de son embryon – donc avec l'antigène rhésus qu'elle ne connaissait pas jusque-là – son organisme risque d'avoir fabriqué des anticorps anti-rhésus pour les détruire et les éliminer – comme il fabrique des anticorps contre la grippe quand il rencontre le virus qu'il ne connaît pas. Ces anticorps anti-rhésus, dont elle reste porteuse à partir de ce moment-là et qui sont faits pour détruire les antigènes rhésus, ne lui causent aucun préjudice, puisqu'ils n'ont pas d'antigènes rhésus à attaquer chez elle. Elle vit en parfaite harmonie avec eux, mais ils peuvent être dangereux pour ses enfants à venir.

En effet, pendant la grossesse suivante, comme toute bonne mère, elle transmet à son petit fœtus tous les anticorps dont elle dispose pour le protéger contre les maladies (ceux contre la grippe, la rougeole, le tétanos, la poliomyélite, etc.), y compris les anticorps anti-rhésus. Si son bébé est comme elle, rhésus négatif, sans antigène rhésus sur ses globules rouges, cela ne lui pose aucun problème. Il va, comme sa mère, vivre avec ces anticorps qui ne le dérangent en rien et qui disparaîtront en quelques mois. En revanche, s'il est rhésus positif avec l'antigène rhésus sur ses globules rouges, ceux-ci vont être attaqués et détruits par les anticorps anti-rhésus. D'où un conflit entre des globules rouges normaux et des anticorps normaux qui ne peuvent cohabiter. Au sens strict, le bébé n'est absolument pas malade, il n'est atteint d'aucune maladie intrinsèque, il n'est que le terrain sur lequel ce conflit se déroule. Mais ce conflit crée une pathologie parfois tellement importante qu'elle peut le mettre en danger. Si trop de globules rouges sont détruits, il risque d'une part de se retrouver excessivement jaune malgré les moyens habituels, et d'autre part d'être anémique. Ce n'est que dans ces cas extrêmement particuliers et rares qu'on aura recours à la fameuse technique de l'exsanguino-transfusion, soit après la naissance, soit même, de nos jours, avant la naissance, si c'est nécessaire.

Cette technique permet de « changer le sang » pour en éliminer les anticorps anti-rhésus, la bilirubine en excès, et remettre des globules rouges neufs. Bien sûr, on ne vide pas complètement le bébé de son sang avant de le remplir de nouveau. On en enlève un peu, on en remet du nouveau, on en enlève encore, on en remet encore, et ainsi de suite jusqu'à ce que l'épuration soit suffisante.

Bien entendu, pendant toute la période à haut risque, la surveillance et le traitement, souvent complexes, impliquent des moyens médicaux lourds, qui justifient une hospitalisation en milieu spécialisé.

Au bout de quelques jours, le risque de jaunisse grave disparaît. Cependant les anticorps peuvent continuer longtemps à détruire des globules rouges et entraîner une anémie. C'est pourquoi on surveille la numération des globules rouges de ces bébés pendant les premiers mois, même si la jaunisse a été modérée et bien qu'elle soit finie. Si l'anémie devenait excessive, on redonnerait les globules rouges manquants au moyen d'une transfusion, aujourd'hui très simple à réaliser en toute sécurité.

Après trois-quatre mois, comme tous les autres anticorps transmis *in utero* par la mère, les anticorps anti-rhésus auront disparu du sang du bébé. Il ne craindra plus rien de ce côté-là. Il restera le bébé normal qu'il a toujours été, avec ses globules rouges porteurs de l'antigène rhésus et cela ne le gênera plus jamais.

Précisons que dans ces situations d'incompatibilité sanguine, l'allaitement maternel n'est absolument pas contre-indiqué. En effet, bien que le lait contienne effectivement les anticorps interdits, ceux-ci sont détruits dès qu'ils arrivent dans l'estomac du bébé. Ils ne peuvent donc pas passer dans son sang, et ne lui posent aucun problème s'ils sont avalés, même en grande quantité, avec le lait. Afin d'éviter l'apparition de ces anticorps chez les femmes Rh –, il est impératif de leur administrer une injection préventive dans les quarante-huit heures qui suivent toute fin de grossesse (accouchement, mais aussi fausse couche ou IVG).

Guerre à l'infection

Durant cette période de suites de couches, nous nous assurons aussi qu'aucune maladie ne vienne troubler cet enfant normal, en particulier l'infection.

La particularité de l'infection chez le nouveau-né, c'est qu'elle est susceptible de devenir rapidement sévère si elle se généralise. Il ne faut donc pas lui laisser prendre de l'avance sur nous. C'est pourquoi, en maternité, nous sommes préparés et organisés pour la prendre de vitesse. Nous savons qu'il existe un certain nombre de situations que nous appelons à haut risque infectieux, c'est-à-dire celles où la probabilité qu'il y ait une infection est statistiquement plus élevée que pour la moyenne des nouveau-nés. Ainsi la fièvre avant ou pendant l'accouchement, mais aussi l'ouverture prolongée de la poche des eaux – d'où l'importance de venir rapidement à la maternité en cas de perte de liquide – et enfin la coloration anormale du liquide amniotique. Devant ces situations, nous recherchons systématiquement, chez la mère et chez le bébé, l'infection éventuelle par des prélèvements bactériologiques et sanguins, et nous l'attaquons d'emblée par un traitement antibiotique, avant même d'être certains qu'elle existe. L'éventuelle fulgurance de l'infection générale nous impose de traiter au moindre doute, quitte à arrêter les antibiotiques deux jours plus tard si les résultats du bilan sont négatifs. Le traitement se fera au départ par voie intraveineuse (ou éventuellement intramusculaire). C'est lourd mais absolument indispensable, car cela peut être vital.

Soyons clairs : nous commençons à traiter beaucoup plus de nouveau-nés qu'il n'y a d'infectés, et c'est volontaire. En effet, il n'y a pas de risque à recevoir pendant deux jours des antibiotiques alors qu'on n'est pas infecté, tandis qu'un nouveau-né infecté pourrait être en danger de mort s'il n'était pas traité. Ceux qui sont traités en l'absence de signes cliniques d'infection sont pratiquement mis hors de danger par le traitement antibiotique qui peut alors se faire en maternité. Ceux qui sont cliniquement infectés doivent passer en service de néonatologie, où on les guérira quasiment toujours. Ce n'est qu'exceptionnellement, quand la situation est d'emblée très grave, que la mise en œuvre de moyens très lourds de réanimation s'impose, avec la perspective de la victoire dans presque tous les cas.

Pas de confusion donc. Si votre bébé est traité, c'est qu'il existe bien un risque dans la théorie. S'il l'est en maternité, c'est qu'il n'est pas malade et qu'il n'est pas réellement en danger. S'il est hospitalisé, c'est qu'il est malade, un peu ou beaucoup, ce qui nécessite une surveillance et une thérapeutique plus active.

Nous sommes fiers de notre action qui consiste à traiter les bébés avant qu'ils ne soient malades, autant que faire se peut. Nous en faisons « trop », c'est vrai. Mais c'est volontairement, car c'est cela qui a permis, depuis quelques décennies, de faire chuter radicalement le taux de mortalité néonatale par infection généralisée.

Petits soucis, grandes inquiétudes

Quant aux infections locales, elles font partie des soucis habituels en maternité. Il est courant que, malgré le collyre antibiotique administré tout de suite après la naissance, une conjonctivite se déclare dès les premiers jours. Si c'est une simple sécrétion blanchâtre au coin de l'œil, il suffit de le nettoyer avec une compresse d'eau stérile. Si c'est un écoulement franchement purulent qui, tel un enduit jaune, colle les paupières, on nettoie bien sûr, mais on recherche par un prélèvement bactériologique le microbe responsable pour choisir le traitement adapté. Il est administré localement, plusieurs fois par jour, pendant une semaine. Très vite les yeux du bébé sont propres, guéris.

Cet épisode peut révéler, rarement, une modeste anomalie du canal lacrymal qui nécessiterait, dans les mois suivants, un sondage.

Le muguet, dont on parlait autrefois comme d'une chose grave, inquiète encore les parents. Qu'ils se rassurent. Cette sorte d'enduit blanc sur la langue, l'intérieur des joues ou des lèvres (qu'on ne peut confondre avec des résidus de lait, qui peuvent être facilement enlevés) est une infection locale bénigne provoquée par des champignons banals, les *candida albicans*. Avec un traitement local, appliqué aussi aux mamelons de la maman pour les enfants nourris au sein, tout rentre dans l'ordre en quelques jours.

D'autre part, ne vous affolez pas si l'oreille de votre nouveau-né se replie lorsqu'il dort. C'est la forme provisoire du crâne imprimée par la naissance qui est seule en cause. Cela ne signifie nullement qu'il va avoir les oreilles décollées, pathologie due à une anomalie du cartilage.

Dès les premières heures, le nouveau-né éternue : c'est pour se débarrasser des glaires ou des sécrétions nasales qui le gênent. Il peut arriver, mais c'est rare, que nous devions le « réaspirer ».

La plupart du temps, un simple lavage du nez au sérum physiologique suffit, plus agréable et finalement plus efficace que le passage dans les narines d'une mèche de coton roulé.

Le bruit de la respiration des bébés est souvent impressionnant : lié à l'étroitesse relative des fosses nasales, il n'entraîne ni gêne ni détresse respiratoire. Au bout de quelques semaines, ils ne ronflent plus.

Autre souci, presque universel : l'aspect des fesses des bébés. Personnellement, je n'ai jamais vu de bébé en danger à cause d'un érythème fessier. Cependant, dès que la peau rougit un peu, on la protège par une pâte à l'eau ou une pommade à l'oxyde de zinc. Si la peau continue de s'abîmer, si elle se craquelle, se fendille, saignotte même, on arrête les pommades et on applique de l'éosine à l'eau qui tanne la peau et la cicatrise. On essaie de laisser les fesses des bambins à l'air, même si cela présente quelques petits désagréments.

Tout ce qui tourne autour de la nourriture est si chargé de sens que c'est souvent une source de soucis.

Votre bébé régurgite ? Presque tous les nouveau-nés le font. Sans douleur, sans effort, sans changement de teint. Il rejette un peu de lait par la bouche ou même par le nez, ce n'est pas plus grave. Ce lait est encore liquide si c'est aussitôt après la tétée, déjà caillé si c'est une heure ou deux plus tard. Même si vous avez l'impression qu'il a tout vomi, ce n'est sans doute pas vrai. D'ailleurs, il n'a pas faim à nouveau. Mais s'il a encore faim après un vomissement, n'hésitez pas à lui redonner à boire, cela ne l'empêchera pas de digérer. Et ne pensez pas qu'il a un reflux gastro-œsophagien parce qu'il a régurgité une ou deux fois !

Quant au hoquet, il peut durer longtemps – dix, vingt, trente minutes – sans que votre bébé en soit affecté. Si quelques gorgées de lait le font passer, tant mieux. Mais si cette bonne vieille méthode ne fonctionne pas, ne vous alarmez pas. Il avait souvent le hoquet dans votre ventre et il n'en souffre pas.

Si votre bébé crie, n'en concluez pas hâtivement qu'il « doit avoir mal au ventre » : il est trop jeune pour avoir des coliques.

Ne comparez votre bébé ni avec votre premier enfant qui « ne mangeait pas pareil », ni avec son petit voisin de chambre qui n'a nulle raison d'avoir le même rythme et le même appétit. Aucun n'est pour lui référence.

Il peut se passer d'autres choses, plus ou moins normales, souvent angoissantes pour vous, même si elles ne sont pas inquiétantes pour nous qui les savons ou bien normales, ou bien maîtrisables.

Il en est ainsi des hypoglycémies (baisses du taux de sucre dans le sang), fréquentes les premières heures et les premiers jours, surtout si le bébé est plus léger ou plus lourd qu'habituellement, surtout s'il est immature. Chez ces nouveau-nés-là, on surveille le taux de sucre, pour s'assurer qu'il ne baisse pas excessivement, par des prises de sang au talon. Pour écarter les risques d'hypoglycémie, on leur évite des périodes de jeûne prolongé durant les tout premiers jours, et au besoin on resucre leurs repas. L'écart maximum entre deux tétées est fixé au début à trois ou quatre heures pour un bébé dans cette situation ; à l'inverse, aucun minimum ne se justifie. Si donc il veut manger tous les quarts d'heure, on accède à sa demande ; mais si au bout de trois heures il n'a toujours pas faim, on va, pour une fois, l'inciter à manger. Après quelques jours, et *a fortiori* une fois sorti, il redeviendra libre, comme tous les autres bébés, puisque ce risque aura disparu.

Quant aux trémulations (petits tremblements des membres ou du menton), elles sont presque toujours normales. Lorsqu'elles semblent un peu trop fortes, nous vérifions si le bébé ne manque pas de calcium, ce qui est banal dans les premiers jours et facilement compensé. La meilleure façon de diminuer la fréquence de ces hypocalcémies est d'ailleurs de donner de la vitamine D, certes au bébé dès la naissance, mais mieux encore à la maman durant le dernier trimestre de la grossesse. Les sursauts durant le sommeil, parfois accompagnés de reprises inspiratoires bruyantes, ou les pauses respiratoires de quelques secondes ne doivent pas vous inquiéter. Sauf exception, cela est normal et ne justifie aucun traitement.

Ces petites étrangetés sont pour vous source d'angoisse. C'est pourquoi nous nous devons de tout vous dire sur ce que nous savons de votre enfant. Malheureusement, encore bien des médecins ne disent pas ce qu'ils savent. Malheureusement aussi, d'autres confient leurs propres questionnements aux parents. Ne se rendent-ils pas compte que toute interrogation du médecin devient certitude pour les parents ? Lorsque le médecin pense tout haut « Je me demande si ce n'est pas grave », ils entendent « C'est grave ». C'est pourquoi, parfois, lorsque nous sommes dans l'incertitude, nous préférons nous taire. À l'inverse, il me semble essentiel de toujours dire ce que nous savons : ce qui est, mais aussi ce qui n'est pas. Déclarer « ce n'est rien » à propos d'un bébé en danger serait irresponsable. Mieux vaut oser dire que la situation est grave. C'est cela qui permet d'être crédible, de rassurer vraiment, lorsqu'on affirme qu'il n'y a pas de danger. Alors, plutôt que de nous contenter d'un : « Il n'y a rien de grave », affirmons : « Ce bébé est en parfaite santé. »

Mais nous ne savons pas toujours tout. Ne nous prenons pas, nous médecins, pour des prophètes ou des demi-dieux. Nous sommes et resterons dans certains cas désarmés, voire ignorants. Ne prétendons pas à l'impossible, ne croyons pas en notre infaillibilité, même si nous avons à notre disposition des techniques remarquablement efficaces qui nous permettent la plupart du temps de guérir les malades.

5

Du baby blues au maternage

Et vous dans l'histoire ? Ventre vide, bébé parti, vous êtes vidée, au sens strict comme au sens symbolique. C'est pour cela qu'il vous est indispensable de prendre dans vos bras celui qui n'est plus dans votre ventre. Et c'est pour cela qu'il ne faut rien entendre des conseils de celles et de ceux (grand-mères, voisines, veilleuses de nuit à l'hôpital, médecins) qui vous prédisent le pire quand vous le faites.

Vous avez autant besoin qu'il soit dans vos bras qu'il a besoin, lui, d'y être. Ne vous forcez jamais à le remettre dans son berceau pour « bien faire ». Ni vous ni lui n'en avez envie.

Si votre bébé crie beaucoup, vous vous inquiétez parce qu'on vous dit qu'il est « nerveux, capricieux » ; et puis les autres ne pleurent pas, eux ! Si votre bébé ne pleure pas, vous êtes déçue parce qu'on vous dit qu'il est « paresseux, trop calme, endormi » ; et puis les autres pleurent, eux ! Vous pleurez parce qu'il dort, avant de pleurer parce qu'il ne dort pas... Tout se mélange dans votre tête, ce qu'on vous a toujours appris sur les bébés depuis que vous étiez bébé vous-même, ce que vous avez entendu, enfant puis jeune femme, dire par vos tantes sur vos cousins-cousines, et par vos amies sur leurs propres petits. Et les lectures que vous avez faites, qui vous ont donné des (fausses) raisons de vous inquiéter.

Voici que votre bébé ne fait pas ce qu'il devrait ! Quoi qu'il fasse, il tombe toujours à côté de la norme. Pourquoi ne pas se dire que, pour lui comme pour vous, la norme, c'est morne. Ce qu'il fait, c'est ce qu'il se doit de faire.

Un nouveau-né fait rarement ce qu'on attend de lui. Le mieux, c'est de ne rien en attendre du tout, pour que la porte reste grande ouverte à ce qu'il apporte lui-même.

Ainsi, les étapes que je vais vous décrire sont habituelles, mais elles ne sont jamais obligatoires.

Dans les toutes premières heures, comme nous l'avons déjà vu, votre bébé est très curieux, attentif, émerveillé de ce qui l'entoure, très éveillé. Puis il s'effondre, épuisé comme vous, et s'endort souvent profondément, comme après un voyage éreintant. Il est même tellement « cuit » que pendant un jour ou deux, il peut rester jusqu'à dix-douze heures dans ce profond sommeil léthargique sans rien réclamer. Pas d'inquiétude : s'il est à terme, c'est-à-dire né après trente-sept semaines, et d'un poids habituel – disons entre 2 800 et 3 800 grammes – on peut le laisser dormir ainsi tout son saoûl sans le déranger. Ce n'est que s'il est un peu immature, un peu petiot qu'on va faire un peu de médecine en le réveillant pour lui imposer de se nourrir quand même.

Oui, c'est difficile

Au bout de deux, trois jours, il sort des limbes et réclame à manger de façon plus franche, se cale au sein ou au biberon avec plus d'efficacité. Cela ne signifie pas qu'il va téter de façon rythmée, régulière, des quantités toujours identiques. Qu'il soit au sein ou au biberon, il n'y a rien de plus irrégulier que l'alimentation spontanée d'un nouveau-né. Aussi bien pour ce qui est des volumes que des horaires, il ne tient jamais aucun compte de vos comptes ! Les écarts entre deux tétées varient considérablement d'un bébé à l'autre, d'un jour à l'autre, d'un moment à l'autre, sans aucune considération de l'heure, du jour ou de la nuit. Il mange d'ailleurs souvent plus la nuit que le jour.

Si votre bébé « en redemande » peu de temps après une tétée, cela n'a peut-être rien à voir avec la quantité de lait offerte. C'est du fait de son rythme propre. Au biberon, c'est pareil. Et c'est ça, la norme : l'irrégularité.

Celles qui allaitent au sein se lamentent parce qu'elles ne voient pas ce que leurs bébés avalent, celles qui allaitent au biberon se lamentent parce qu'elles le voient ! Et ce n'est jamais à leur convenance ! S'il mange peu, elles pensent « pas assez », s'il mange beaucoup, elles pensent « trop ».

Dans tous les cas, ça pleure ferme les premiers jours derrière les sourires affichés. Ça « baby-blues », quoi qu'on fasse, surtout vers le quatrième jour, où tout semble perdu ! Votre bébé ne fait pas ce qu'il faut, tout le monde vous le dit, vous êtes épuisée par les visites continuelles ; votre lait ne monte pas et quand il arrive, vous avez mal. Et, bientôt, vous serez chez vous, seule avec lui...

Au moins, ne vous alarmez pas parce que vous n'auriez « pas assez » de lait. Vous n'en avez pas beaucoup, d'accord ; mais il n'en veut pas beaucoup non plus. Cela dit, s'il a un appétit qui dépasse vos possibilités actuelles, pas de panique, nous vous relaierons en lui donnant du très bon lait de biberon pour calmer sa faim. Et contrairement aux fables inquiétantes qui courent, ce coup de pouce ne condamne en rien l'allaitement maternel.

Tout ce qu'on vous a dit sur le lait trop clair, trop léger, pas nourrissant que vous pourriez fabriquer n'est que contes et légendes ! Ne croyez pas, non plus, que vous n'avez pas de lait parce qu'on vous a dit que vous aviez du « colostrum ». Ce beau mot latin, jargon de médecin, façon Molière, ne nomme pas autre chose que le lait ! C'est même du lait concentré, en petit volume mais très nourrissant, justement le lait dont votre bébé a besoin les premiers jours. Depuis des millions d'années les nouveau-nés mammifères en boivent pour démarrer leur carrière. C'est fait pour !

En revanche, il est vrai que la lactation ne s'établit pas d'un seul coup. Il faut environ une quinzaine de jours pour que vous arriviez à une production de lait régulière, étale, connue. C'est pour cette raison que je vous recommande, si vous avez envie d'allaiter votre bébé au sein, de ne pas prendre la décision d'arrêter durant cette période en pensant ne pas avoir assez de lait. D'ailleurs, votre production de lait varie, et la faim de votre bébé fluctue. Les courbes de votre lactation et de sa faim sont rarement en phase. Il peut très bien avoir très faim aujourd'hui quand vous n'avez que peu de lait à lui proposer, et demain très peu faim alors que vos seins débordent.

Alors, prenez un peu de temps avant les décisions historiques. D'autant que, même si plus tard vous n'aviez pas autant de lait qu'il en demande, rien ne s'opposerait pour sa santé à ce qu'il boive le lait maternel *et* le lait de biberon ; cela ne comporte aucun danger, il n'y a aucune contre-indication, sauf en cas de maladies particulières.

Comment y arriver

Cela étant dit, faisons le point sur l'évolution de la lactation durant cette première quinzaine. Les trois, quatre premiers jours, vos seins contiennent donc du colostrum. À partir du quatrième jour environ, la première montée laiteuse apparaît, entraînant une tension souvent désagréable des seins, parfois même franchement douloureuse.

Heureusement, on peut l'apaiser : massage des seins que vous pouvez faire vous-même sous la douche chaude, application de cataplasmes chauds de kaolin, prise d'antalgiques, voire d'anti-inflammatoires.

Quelques jours après, tout semble rétabli, vous avez du lait en abondance, tout va bien. Et patatras ! la lactation se tarit. Cette baisse de lait, vers huit, dix jours, est presque toujours provisoire. Généralement, il se produit une remontée de la lactation deux ou trois jours plus tard. Le niveau va ensuite se maintenir en plateau durant des semaines et des mois. Ce n'est qu'à ce moment-là que vous connaîtrez votre capacité personnelle de lactation, qui est très variable d'une femme à l'autre.

Si votre lactation dépasse la faim de votre bébé, contactez le lactarium de votre région. Sans aucune contrainte pour vous, celui-ci recueille votre lait excédentaire et en fait profiter des grands prématurés pour qui cela peut être chance de vie. À l'inverse, si c'est un peu insuffisant, ne jalousez pas les autres ; faites avec qui vous êtes, comme vous allez faire avec votre bébé, tel qu'il est.

C'est pendant ces premiers jours que nous pouvons, à la maternité, vous donner d'utiles conseils.

Si vous mettez votre bébé au sein lorsqu'il n'a pas faim, lorsqu'il dort sans rien demander, il y a peu de chance qu'il tète efficacement. Vous risquez d'en tirer des conclusions fausses comme « Il n'aime pas mon sein », « Il ne sait pas téter », « Mon lait n'est pas bon », et d'en éprouver une grande tristesse. Alors que la seule conclusion logique serait : « Il n'a pas faim. »

Si vous mettez au sein votre bébé qui réclame et s'il s'y trouve bien, il aura bien du mal à s'en détacher, même quand il sera rassasié. Après tout, lorsqu'on est à table avec des amis, on y reste par plaisir. Pourquoi pas lui ? Pourquoi dire qu'il tétouille (avec ce suffixe « ouille » si péjoratif) alors que, benoîtement, il suce ? Est-ce répréhensible de sucer le sein sans se nourrir ?

Mais vos seins ? Jusqu'à présent, ils n'ont jamais servi à cela. La peau du mamelon est très sensible, très fragile, et elle ne se tannera et s'endurcira que progressivement, en quelques jours ou semaines. D'ici là, elle risque de pâtir de tétées prolongées. Cela peut être douloureux pour vous, et éventuellement abîmer la peau qui peut, surtout si elle est claire, s'irriter, se fendiller, se crevasser. Vous pourriez avoir du mal à allaiter tranquillement. C'est pourquoi on vous recommande, au début, de ne pas laisser trop longtemps votre bébé au sein. Attendez que vos mamelons ne craignent plus rien, qu'ils ne soient plus douloureux, pour vous autoriser à laisser votre bébé au sein aussi longtemps qu'il le voudra. Dans une semaine ou deux, cela sera possible et permis.

On sait que le bébé, comme vous et moi, mange surtout au début de son repas, et qu'il a fait l'essentiel de celui-ci en quelques minutes. On préfère donc privilégier la protection des mamelons, tout en assurant sa nourriture, en conseillant les premiers jours des tétées courtes, généralement moins d'un quart d'heure. Mais, évidemment, ce n'est pas une raison pour allaiter avec la montre accrochée au soutien-gorge !

On sait aussi que la lactation s'établit d'autant mieux que le mamelon est plus souvent tété. Cela ne veut pas dire que vous aurez nécessairement beaucoup de lait si votre bébé passe sa vie au sein, mais que vous aurez bien du mal à en avoir s'il n'y est jamais, sous prétexte qu'il n'y a pas encore assez de lait.

Enfin, on sait aussi avec certitude qu'aujourd'hui les laits industriels pour bébé ne sont absolument pas nocifs pour eux, bien au contraire.

Alors, ne vous imposez pas d'allaiter au sein si vous n'en avez pas envie, et ne vous interdisez pas de lui donner des compléments au biberon si votre lactation n'est pas suffisante. Cela signifie que, même si par principe on préfère l'éviter durant la première quinzaine pour favoriser la lactation, il n'y a pas d'interdiction à donner des biberons de lait artificiel en complément, si le volume de votre lait ne suffit pas à calmer la faim de votre bébé.

En résumé, pour que cette mise en route se passe le mieux possible :

– Attendez qu'il réclame pour le mettre au sein.

– Mettez votre bébé affamé au sein, même avant la montée laiteuse.

– Préférez des tétées courtes les premiers jours, sans toutefois les minuter. Plus tard, la durée sera libre.

– Ne refusez pas un biberon de complément à votre bébé, mais restez économe au moment où la lactation s'installe.

Vous avez appris à nourrir votre bébé, au sein ou au biberon, vous pourrez le faire chez vous ; vous avez appris à changer sa couche, vous pourrez le faire chez vous. Maintenant que le méconium est éliminé (encore un mot latin pour parler du caca tout noir des premiers jours), les selles seront tantôt liquides ; tantôt solides ; tantôt nombreuses, tantôt rares ; tantôt jaunes, tantôt brunes, tantôt vertes, tantôt grises. Vous avez appris à laver votre bébé, vous avez appris à l'habiller, vous pourrez le faire chez vous sans craindre de le « démonter » à chaque habillage.

De notre côté, nous nous sommes assurés, avec nos examens, notre surveillance chiffrée, nos prises de sang, que votre bébé était en bonne santé et apte à rentrer chez lui.

Ce nouveau-né qui rentre dans sa maison, c'est un être humain comme vous, avec les mêmes dispositions à vivre que les autres. Oubliez à la maternité la montre, le pèse-bébé, le thermomètre, le papier millimétré, le stylo et le cahier de surveillance. Si nous vous autorisons à rentrer chez vous, c'est que vous n'avez plus besoin de nous ni de tout cet attirail, et votre bébé non plus. Laissez-nous tout ce qui est médecine et retournez dans la vie.

Deuxième partie

Cent jours pour faire un bébé

1

Mettre les pendules à l'heure

Vous voilà rentrés chez vous. Ce n'est pas un rêve, cet enfant, c'est vraiment le vôtre. Maintenant que le personnel de la maternité, si professionnel, n'est plus là pour répondre à vos questions et vous aider à surmonter quelques-unes de vos appréhensions, vous vous sentez envahie par le doute et l'inquiétude de ne pas être à la hauteur de la tâche.

Débarrassez-vous d'emblée de l'idée qu'il vous faudrait être « professionnelle ». Notre professionnalisme ne vaut pas votre incompétence.

Vous n'êtes pas la seule à être la mère incompétente que vous craignez d'être. Toutes vos voisines à la maternité, même celles que vous sentiez si à l'aise, sont sans doute, au même instant, chez elles, dans la même perplexité que vous. Sentant confusément monter en elles la même angoisse, surtout pour leur premier bébé, elles se posent toutes les mêmes questions : « Vais-je réussir à le faire vivre, à le comprendre, à lui apporter tout ce dont il a besoin ? » Et la réponse qui, malgré vous, s'impose est : non ! Même si vous essayez de vous raisonner en disant : « Il n'y a pas de raison que je n'y arrive pas ! », une voix en vous résonne de façon lugubre et vous accable : « Les autres y arriveront certainement, mais moi sans doute pas. » Comme si depuis des millions d'années, des milliards de mères n'y étaient pas arrivées, comme s'il y avait la moindre chance de réussir à échouer.

Commençons par essayer de comprendre ce qui se passe dans votre vie et dans celle de votre bébé, afin que vous puissiez regarder les difficultés qui se présentent non pas comme une preuve supplémentaire de votre incapacité ou de l'imperfection du bébé que vous avez conçu, mais comme le lot commun des couples parents-bébés.

Oui, vous êtes nulle ! Comme les autres femmes, ni plus ni moins. Et vous le père, vous êtes nul aussi, comme les autres hommes, comme moi-même dans ma place de père, comme tous les parents dans leur place de parents. Mais qui a dit que nos bébés avaient besoin d'autre chose que de notre incompétence parentale, de notre « nullité » ? Qui a dit que les parents devaient tout savoir avant d'avoir commencé ? On ne demande pas à un gamin qui rentre à l'école de comprendre Kant avant d'avoir appris à lire et de résoudre les équations du troisième degré avant de savoir compter jusqu'à trois.

Nous ne savons pas, évidemment, élever nos enfants, puisque ce sont eux qui nous élèvent, en nous prenant tels que nous sommes, jeunes adultes inexpérimentés, puis en « travaillant » durant des années pour faire de nous des parents acceptables. Avant, on ne savait rien de ce « métier impossible », selon le mot de Freud.

Nos enfants ne nous appartiennent pas. C'est nous qui sommes à eux. À vie. De leur vie, nous n'avons guère que la gérance, en attendant qu'un jour, pour leur bonheur – comme ce fut le cas pour nous –, ils nous quittent pour voler de leurs propres ailes. Alors, habituons-nous à l'idée qu'ils sont faits pour partir, qu'on les a faits pour cela.

De plus, on exige aujourd'hui de vous de toujours tout comprendre d'eux. Or il est essentiel, justement, de ne pas comprendre complètement son enfant ; même si c'est difficile pour vous, c'est vital pour lui. Pendant les premières semaines, les autres, dont les pédiatres vous fournissent des clés pour le comprendre, mais elles peuvent ne pas être adaptées. Seul votre bébé détient les bonnes. Fiez-vous à lui.

À certains moments, vous serez sans aucun doute inapte à le rendre heureux. Faites alors ce que vous pouvez, simplement pour le rendre aussi heureux que possible, ou même aussi peu malheureux que cela vous est possible.

En voulant toujours réussir, on se met en situation d'être toujours déçu, toujours insatisfait, toujours imparfait, toujours convaincu de son inefficacité. Quand on fonde un couple, on se promet de s'aimer pour le meilleur et pour le pire. Certes, on apprécierait qu'il y ait le moins de

« pire » possible, mais on sait bien que la vie, ce n'est pas du pur bonheur qui s'écoule au rythme des saisons.

Ne vous imaginez pas que chaque événement, que chaque incident arrivant à votre bébé est un traumatisme dont il ne saurait se remettre. Aidez-le, tel qu'il est, à vivre sa vie. Et vivez la vôtre, telle qu'elle est.

La relative cohérence de votre vie est bousculée par l'apparente incohérence de celle de votre bébé. Quand vous appliquez votre système habituel de compréhension, vous débouchez sur une impasse : le mode de vie de votre bébé serait-il insensé ?

Nos clés de compréhension, nos habitudes de raisonnement, nos façons d'être, celles d'adultes ayant déjà passé quelques décennies sur la terre, sont-elles applicables à cette personne-là ? Je vais oser une comparaison : lorsque les Européens ont « découvert » l'Asie, l'Afrique et l'Amérique, ils ont d'abord considéré leurs habitants à travers le prisme de leur propre culture. Jusqu'à ce que l'on admette enfin que leurs modes de vie et de pensée étaient simplement autres. Et si on procédait de même avec les bébés ?

Votre enfant n'est pas un petit homme mesurable à l'aune d'une grande personne. C'est une personne en train de devenir. Pour comprendre son fonctionnement, il faut utiliser une grille de lecture adaptée à sa nature, mobile et changeante.

Bébé, je ne sais rien de toi. Alors, dis-moi comment tu vis, puisque toi, tu le sais. Et d'abord, dis-moi ce qu'est le temps des bébés, car visiblement, entre le tien et le nôtre, il y a de notables différences.

2

L'horloge du nouveau-né

Les dieux confondent l'homme qui le premier trouva
Le moyen de distinguer les heures ! Puissent-ils confondre aussi
Le misérable qui en ce lieu, mit un cadran solaire
Afin de découper et hacher mes journées !
Lorsque j'étais enfant mon cadran était mon ventre
Combien plus sûr et plus précis que tous ceux d'aujourd'hui.
Il me signifiait l'heure de passer à table
Quand toutefois j'avais à manger.
Mais aujourd'hui, même lorsque j'ai de quoi,
Je n'ai le droit de m'y mettre que si le soleil est de cet avis.

Plaute (IIIe siècle avant J. C.)

Le temps bébé n'est pas le même que le temps adulte. Je ne dis pas : le temps n'est pas vu de la même façon par le bébé que par l'adulte. Je pose qu'il ne s'agit pas du même cadre-temps. De la même façon qu'une année-Terre ne signifie pas la même chose qu'une année-Saturne, une heure-bébé ne signifie pas la même chose qu'une heure-adulte.

Commençons par la question de la course du temps. Pendant des millénaires, nos ancêtres ont mesuré le temps en jours, lunes et saisons. Les avancées scientifiques (récentes dans l'histoire de l'homme) nous ont conduits à parler et à penser en minutes, en heures, jours, semaines, mois, années. Toutes ces notions nous semblent avoir valeur universelle et absolue. Et pourtant la représentation du temps est relative.

Les années ne nous transforment pas de la même façon, selon l'âge que nous avons. Ainsi l'année qui passe bouleverse la vie du garçon de dix ans dont elle représente un dixième, alors que pour l'aïeule centenaire, elle ne la change plus qu'à la marge, n'en représentant guère qu'un centième. Et celle-ci n'a pas l'impression qu'il se soit passé grand-chose, tandis que celui-là a vécu mille aventures nouvelles.

De la même façon lorsqu'un adulte âgé de vingt-sept ans – soit dix mille jours – voit passer un jour, ce n'est guère que 1/10 000e de sa vie, une poussière de temps. Quand il regarde son bébé de deux jours, pense-t-il que l'âge de celui-ci, pendant la même journée, a doublé ? Il vieillit à une allure de fusée alors que ses parents avancent, relativement, à une vitesse d'escargot. Et on voudrait prévoir ce qu'il va faire dans une heure ! Et on le considérerait de la même façon que la veille !

Le temps doit donc être apprehendé comme une valeur relative. On peut ainsi espérer saisir le caractère « incompréhensible » de ce bébé qui ne fait jamais ce que l'on attend, au moment où on l'attend, au rythme qu'on attend.

Et les adultes, comptables du temps de la montre-bracelet, prétendraient organiser et régler la vie du bébé ! Est-ce possible quand on sait que pour un bébé le moment qui passe est pure instantanéité ? N'ayant encore rien mémorisé (ou si peu), il n'a aucune grille de données référentielles auxquelles comparer ce qui lui arrive. Plus exactement, la capacité de mémorisation du bébé nouveau-né est de l'ordre de quelques minutes. Au terme de ce délai, l'objet mémorisé ne disparaît pas de son stock-mémoire, mais, enfoui, il lui devient inaccessible.

Le fait que le bébé ne se réfère pas au passé comme l'adulte ne signifie pas que les événements ne s'inscrivent pas dans sa mémoire. Ce n'est pas parce qu'un bébé est jeune que les événements qui adviennent dans sa vie sont sans importance pour lui. Plus l'enfant est jeune, plus l'événement se grave dans les soubassements de son psychisme... et pourtant, moins il va être accessible à sa conscience.

Le nouveau-né n'a ni idée du passé sur lequel s'appuyer pour anticiper, ni même notion que l'avenir existe. Il ne fonctionne qu'en rapport avec l'instant présent. Lorsque l'instant présent est écoulé, il ne le considère pas comme le passé, mais comme disparu.

L'adulte qui a vécu dix mille aujourd'hui sait qu'il y aura demain un nouvel aujourd'hui. Parce qu'il sait que demain existe et imagine de quoi il sera à peu près fait, il pense que le bébé doit se conformer à sa vision. Mais cette notion de la chronologie est complètement étrangère au bébé, d'autant plus étrangère qu'il est plus jeune. Il vit dans l'instant.

Il est donc absurde de penser qu'un nouveau-né qui a mangé copieusement à huit heures ne mangera plus avant onze heures. Il aura peut-être très faim à huit heures dix, et peut-être pas faim avant vingt-deux heures. En tout cas, ce n'est pas en référence à son repas de huit heures qu'il aura faim plus tard. Il aura faim, à un autre instant – qui peut survenir aussi bien quelques minutes que de longues heures après. Il n'aura pas faim « à nouveau ». Il aura faim maintenant, un autre maintenant. Il n'y a que des « maintenant » dans sa tête. Et ce n'est pas parce qu'il aura mangé beaucoup qu'il n'aura pas faim avant longtemps, ni parce qu'il aura mangé peu qu'il aura rapidement faim. C'est selon.

De toute façon le « beaucoup » de notre jugement était peut-être un « peu » pour lui, et notre « peu » un « beaucoup » pour lui. Il n'y a donc pas de possibilité d'en tirer des conclusions selon nos critères d'adulte.

Nous ne pouvons guère que nous rendre ponctuellement disponibles pour aider ce bébé à satisfaire ses besoins ponctuels. Et ce, sans porter de jugement sur la bienséance ou la validité de ces besoins puisque leur validité n'est connue que de l'enfant, et que, pour lui, il n'est pas question de bienséance, pour l'instant. Laissons le temps au temps.

Le bébé n'a pas, comme nous, une vision historique du monde. Ne lui demandons donc pas de s'y conformer, cela lui est impossible. En revanche, essayons, durant le temps nécessaire au bébé pour nous rejoindre, de nous défaire de nos repères temporels, même si cela semble difficile. Puisqu'il ne peut adopter nos critères, adoptons les siens.

Je ne prétends pas que c'est chose simple, facile, plaisante. J'ai des enfants, je n'ai pas dormi durant de longues nuits, et j'en ai vu, des milliers d'enfants « décalés » avec leurs parents épuisés. C'est troublant, difficile, parfois insupportable. La question n'est pas de savoir si c'est bon ou mauvais, facile ou difficile, mais comment faire pour que ce soit le moins difficile possible.

3

Nos jours et ses nuits

Revenons à ces questions que se posent tous les parents : « Quand va-t-il faire ses nuits ? Comment le régler ? Il confond le jour et la nuit ! »

J'ai mis en évidence les différences entre le temps du bébé et le nôtre, mais je n'ai pas affirmé qu'il vivait une vie sans histoire.

L'histoire existe, mais il ne le sait pas. Elle le transforme à une vitesse sidérale, mais vous ne le savez pas. D'où votre tentation et celle de votre entourage de lui faire franchir à votre rythme des étapes qu'il franchirait bien mieux sans qu'on le lui demande.

Inutile d'intervenir

Parmi les particularités liées à son âge, il en est une qui pose presque toujours problème : le cycle «jour-nuit» du bébé par rapport à celui de ses parents et l'acquisition du sommeil nocturne. Comment expliquer qu'un nouveau-né mange la nuit et mette plusieurs semaines avant de bien vouloir s'en dispenser ? «Le bébé doit confondre le jour et la nuit», entend-on dire souvent. Comment et pourquoi pourrait-il faire une telle confusion ? Est-il aveugle, ne voit-il pas que la nuit est obscure et le jour lumineux ? On sait avec certitude que ce n'est pas le cas. Il voit. Est-il sourd pour ne pas remarquer que la nuit est silencieuse et le jour bruyant ? Non. Nous savons qu'il entend. Est-il idiot pour ne pas faire la différence entre deux situations que tout oppose ? On peut en douter.

Votre bébé confond d'autant moins le jour et la nuit qu'il les distinguait parfaitement avant de naître. Sa vie était déjà rythmée par l'alternance des jours et des nuits, bien que l'obscurité la plus complète régnât dans le ventre de sa maman. De même que, si vous vous enfermez dans une chambre noire, vous ne devenez pas aveugle, le fœtus voit à partir de trente-trois semaines de gestation, c'est-à-dire environ deux mois avant de naître, et non pas deux mois après.

«La journée commence quand, brusquement, tout s'agite : maman se lève – j'étais allongé, je me retrouve tête en bas ! –, elle marche – et tout mon monde est secoué –, elle s'assoit – boum ! ma tête qui cogne–, elle mange et boit – et tout ça me tombe sur l'œuf, c'est chaud et ça provoque de drôles de gargouillis dans les parages –, puis je retrouve un peu plus de place. Mais l'agitation reprend et ne s'arrêtera que bien plus tard, le soir quand elle se reposera, allongée, et finira par s'endormir. Mais jusque-là, mon cocon est pris dans une tourmente de mouvement, de bruit, de contraction des muscles de son ventre qui me serrent, de changements de position continuels, je n'ai pas un moment de calme. Que voulez-vous que je fasse ? Je me planque. Je dors. J'attends que ça s'arrête. Et ça dure toute la journée... Je dors toute la journée.

Mais la nuit, tout est calme. Maman s'est couchée. Elle dort. J'ouvre un œil, puis l'autre. Une oreille, puis l'autre... Le terrain est libre. C'est le moment de se réveiller. Je m'étire longuement, je bouge mes bras, mes jambes, tout fonctionne. C'est le moment de vivre pour moi, j'en profite. Je boxe, je pédale. Maman dort et moi je suis réveillé. C'est comme si je vivais à l'autre bout de la terre, sur les îles Marquises pendant qu'elle vit à Paris.

Ce qui est drôle aussi, pour moi qui n'arrête pas de boire le liquide qui m'entoure, c'est que dans la journée il change de goût sans arrêt alors que la nuit il ne change presque plus. »

Depuis de longs mois, et en l'absence de toute information visuelle, il fait parfaitement la distinction entre le jour et la nuit : par les bruits, les mouvements, les informations sensitives. Et il s'organise en fonction de cette différence. Que se passe-t-il après la naissance ? Laissons encore la parole au bébé : « Un jour, brusquement, j'ai été embarqué par un raz de marée qui m'a fait effectuer un difficile mais rapide voyage de quelques heures, et j'ai débarqué dans la vie. Je ne savais pas jusqu'alors ce qu'était la lumière. Des gens bougent autour de moi, me prennent, ils se parlent, me parlent, m'agitent dans tous les sens. Alors moi, je fais comme j'ai toujours fait dans cette situation : je dors. Je dors le jour.

Quand enfin ça se calme, quand il n'y a plus de bruit, plus d'agitation, plus de lumière, quand il fait noir, je revis. Je vis la nuit. Je continue dehors à faire ce que j'ai toujours fait, toute ma vie : vivre la nuit et dormir le jour. Et on dit de moi que je confonds ! »

S'il n'a fallu que quelques heures au bébé pour sortir du ventre de sa mère, il lui en faudra bien davantage pour changer son rythme de vie.

Depuis toujours, votre bébé a vécu décalé de douze heures par rapport à vous. Serait-il bien raisonnable de lui refuser les quelques semaines qu'il lui faut pour rattraper son décalage horaire ?

Un nouveau-né, c'est un fœtus dehors. S'il était resté quinze jours de plus dedans, rien ne l'aurait incité à changer son rythme. Son milieu de vie a changé, ses conditions de vie ont changé, mais lui ne s'est pas transformé instantanément. Exiger de lui, sous prétexte que cela nous dérange, qu'il dorme d'emblée la nuit serait une absurdité.

Laissez-lui du temps pour accorder son mode de vie à celui de son nouveau pays, pour caler son horloge interne sur celle de son nouveau lieu de vie, et pour adopter un rythme veille de jour/sommeil de nuit identique à celui de tous les animaux vivant sous les mêmes cieux.

Si l'on se promène dans la forêt la nuit, tout est calme, tout dort, les animaux comme les plantes. Et ce n'est pas pour nous faire plaisir ou s'adapter à notre conception sociale de la bienséance ! C'est même l'inverse. Notre vie sociale est plus ou moins adaptée à notre rythme biologique, lui-même en harmonie avec le rythme de la terre. Et les bébés humains, comme les faons, les lapereaux, les lionceaux, les souriceaux, vont se régler sur ce rythme naturel parce qu'ils y sont adaptés depuis des millions d'années. Il n'y a rien à leur apprendre de cela, c'est programmé dans leur horloge interne. Il suffit d'attendre que celle-ci se cale avec l'horloge « externe ».

Ce n'est pas pour faire comme vous, pour vous faire plaisir, qu'il l'adoptera, ni pour vous ennuyer qu'il tarde à l'adopter. Il n'y mettra aucune intention, ni bonne, ni mauvaise. Ce « poisson des mers du Sud » aborde aux confins de la mère et de la terre ; il va d'abord se reposer, puis progressivement s'adapter, changer, pour finalement s'éveiller terrien. Le petit Abdallah de la mer sera devenu le grand Abdallah de la terre, comme dans un conte des *Mille et une nuits*. Il lui aura fallu, pour cela, changer de monde et changer d'être.

Mais la question de tous les parents épuisés est : « Combien de temps va-t-il falloir attendre pour qu'elles soient en phase, ces deux horloges ? » La seule façon de le savoir, c'est de ne rien faire et de regarder ce qui se passe. Ce que je fais depuis vingt ans, sans jamais insister, sans jamais rien exiger des bébés. Avec un *a priori* : si ça doit arriver, cela arrivera tout seul.

Réglés une fois pour toutes

Les milliers de bébés à qui j'ai laissé le soin de régler leur rythme seuls l'ont tous fait avant d'avoir atteint l'âge de cent jours. Pour être encore plus précis, ce sont eux qui m'ont indiqué ce chiffre de cent jours en ne le dépassant pas ; ce n'est pas moi qui l'ai inventé.

La plupart se règlent dans le deuxième mois de vie (entre quatre et dix semaines), quelques-uns le font dès les premiers jours (mais c'est exceptionnel), et ceux qui ne l'ont pas fait à deux mois vont le faire dans le troisième mois. Nul besoin pour cela de les gaver de farine ou de les laisser crier dans leur berceau.

Aucun ne dépasse cent jours. Cependant, nous connaissons tous un petit cousin, une nièce, le bébé d'une amie, qui s'est réveillé la nuit jusqu'à deux ou trois ans. Cette évocation suffit à faire trembler les parents qui en déduisent que le réglage ne s'est pas fait, et donc qu'il peut ne pas se réaliser pour leur bébé. Cela n'a aucun rapport. Inutile de se battre contre les éveils du nouveau-né en pensant éviter les insomnies du nourrisson. C'est évidemment la nuit que les réveils surviennent, alors on pense qu'il s'agit des mêmes, à deux ans et à deux mois. Or les réveils d'avant réglage ne sont pas de la même nature que ceux d'après réglage. Au début, les plages de sommeil nocturne sont normalement courtes, séparées entre elles par des *éveils* (pour téter). Ceux-ci se raréfient et les plages de sommeil s'allongent jusqu'à n'en faire plus qu'une qui dure toute la nuit. Mais il peut arriver qu'elle soit brisée. Il s'agit alors de *réveils* qui émiettent le sommeil. On parlera à juste titre de troubles du sommeil.

Même pour ces enfants insomniaques de façon temporaire (maladie, vacances, déménagement) ou continue (troubles du sommeil persistant de longs mois), lorsqu'on s'intéresse de près à ce qui s'est passé lorsqu'ils étaient tout petits, on retrouve toujours une période – parfois tellement brève qu'elle a pu passer inaperçue – vers le deuxième mois au cours de laquelle ils ont vraiment dormi la nuit. Alors, le réglage s'était fait.

Mais, malgré ce réglage qui existe bel et bien, ces enfants sont pris dans des soucis qui leur rendent impossible un repos paisible. Ils ont des troubles du sommeil. Ils sont malades de leur sommeil. Bien que le rythme jour-nuit soit définitivement acquis, leur sommeil est troublé durant la nuit. Souvent, d'ailleurs, leurs siestes sont paisibles, mais leurs nuits agitées. Exceptionnellement, il peut s'agir d'une pathologie propre de la fonction sommeil. Mais c'est si rare !

Sommeils troublés

Bien plus souvent, ils expriment de cette façon que quelque chose les chagrine. Comme s'ils trouvaient dans leur lit une épine qui les pique. La plupart du temps cette épine est facile à repérer, et on n'a pas trop de mal à régler le problème.

Charlotte avait six mois quand ses parents m'ont parlé de « ses troubles du sommeil ». D'abord, il y avait eu les difficultés du début. À deux mois, juste au moment où elle était en train de se régler, un déménagement « pour s'agrandir » est survenu. Elle se réveilla de nouveau. À trois mois, quand elle finissait de s'en remettre, les parents sont partis en vacances. Ils sont allés présenter Charlotte à la famille : huit jours en Alsace dans la famille paternelle, cinq jours chez le tonton à Bayonne, dix jours en Savoie chez les grands-parents maternels et puis enfin une semaine en thalassothérapie en Bretagne pour être en forme. Pour faire bonne mesure, on a confié Charlotte quelques jours à sa tante pour que le couple se retrouve un peu. Peu après le retour en ville, débute l'adaptation à la crèche et huit jours plus tard, sa maman reprend son travail.

Est-ce étonnant que la fillette se soit réveillée la nuit pendant de longs mois ? Qu'elle ait eu du mal à plonger dans le sommeil sans appréhension ? Jamais elle ne savait où, jamais elle ne savait quand, jamais elle ne savait avec qui elle allait se retrouver le matin. Elle n'était même pas certaine de retrouver ses parents. Alors, bien sûr, elle passait ses nuits à se tranquilliser en s'assurant régulièrement qu'ils étaient bien là.

Les bébés sont ainsi : extrêmement casaniers, ils détestent bouger et changer. Aussi, avant d'organiser vos activités durant les premiers mois, tenez compte de ce fait, sinon votre bébé aura bien du mal à être en paix dans son sommeil.

Vous avez peut-être le sentiment que je force le trait, mais je rencontre très souvent ce genre de situation au fil de mes consultations, et c'est toujours le bébé qui est « accusé » de ne pas se régler ou de chercher à embêter ses parents.

Alors, plutôt que de partir dans tous les sens et de continuer à vivre votre vie de jeunes gens

– comme si rien n'avait changé –, admettez que tout a changé. Vivez calme et tranquille, le temps que tout se tasse.

Pour autant, dans ce type de situation, les causes sont facilement repérées et les remèdes simples. Un réaménagement des rythmes de vie, quelques éclaircissements apportés au bébé permettent que, plus ou moins vite, les choses s'arrangent.

Cependant, certaines situations sont plus complexes : on n'a pas l'impression de faire n'importe quoi et malgré les mesures simples d'hygiène de vie qu'on a pu nous conseiller, l'enfant semble « hors de lui » dans son lit. Qu'est-ce qui peut lui faire ainsi fuir le sommeil ?

Si ce bébé jamais ne peut dormir, si cela persiste au-delà de quatre, cinq mois, il va falloir que quelqu'un, extérieur au cercle familial – pédiatre, psychologue d'enfant, psychothérapeute – donne un coup de main pour aider la famille à dénouer les difficultés. Ce fut le cas pour Roberto, superbe bébé, qui n'arriva à dormir sereinement que lorsque ses parents lui parlèrent enfin devant moi de leur situation de réfugiés politiques. Ils avaient dû tout abandonner, pays, famille, amis, sous peine d'être exécutés par les Escadrons de la mort.

Assommer le bébé par un médicament (qui remplacerait le biberon de vin ou d'alcool qu'on utilisait dans les campagnes il n'y a pas si longtemps) ne résoudrait rien. À quoi cela aurait-il servi pour Ariane ? Sa maman avait perdu une sœur alors qu'elle était enceinte. Et, pendant la même période, le frère de son papa était mort. Il a fallu près d'un an à Ariane, jolie brunette au sommeil en dentelle, pour convaincre ses parents, à force de nuits hachées, de consulter un psy. Depuis, elle dort. Et ses parents font le travail de deuil qui jusqu'alors leur était impossible.

Pour ces enfants qui ont des douleurs à l'âme, l'aide d'un « âmologue » permet le plus souvent à la situation de s'apaiser et à la vie de retrouver un goût bien agréable. Même si parfois, cela confronte à des questions... bien questionnantes.

4

L'adolescence du nouveau-né

Le début d'une famille nouvelle, d'un couple avec son premier bébé, est certainement un des moments les plus complexes de l'existence. Tout le monde s'attendrit : « Quel bonheur, c'est merveilleux, vous avez un bébé superbe, tout va aller comme sur des roulettes », en s'empressant d'ajouter : « À condition que vous ne vous laissiez pas trop faire... » Vous, la maman, malgré des instants d'éblouissement, de bonheur extrême, vous vous sentez souvent perdue, inquiète, au bord des larmes et bien rarement dans l'état de félicité qu'on vous avait promis

Combien de couples ai-je reçus, venant me montrer ce bébé si cher pour sa première consultation ! Ils affichent le plus souvent un large sourire – après tout, n'est-ce pas ce que l'on attend d'eux ?

Si je me contentais de demander : « Tout va bien, n'est-ce pas ? » j'obtiendrais le « oui » de rigueur, mais je ne saurais rien de ce qu'ils vivent. Or cette consultation ne me semble pas faite pour permettre au pédiatre de déballer son savoir, d'énoncer ce qu'il faut faire, de prescrire. Elle est plus utile si elle permet aux parents de parler. Bien souvent, tout n'est pas rose et bleu. Le bébé a l'air d'aller très bien, mais les parents, eux !...

Si on commence par quelque chose comme « Alors, pas trop dur ? », qui admet que ça peut l'être, le sourire se lézarde et les vraies questions apparaissent. S'expriment les angoisses, les inquiétudes et ces difficultés qu'aucun des parents n'attendait. Elles viennent du bébé, mais aussi de soi-même ou de l'autre. Avec, en arrière-plan, les aimables commentaires de ceux qui vous assènent un malencontreux : « Mais tu t'en fais pour rien, ma chérie ! » Comme si ce n'était « rien », votre bébé ! Comme s'il n'y avait jamais eu quoi que ce soit de plus important pour vous ! Lui qui fait commencer votre vie au jour de sa naissance. Il n'y avait « rien » avant, il y a « tout » maintenant.

Jusque-là, tout était à peu près clair. Mademoiselle Isabelle aimait monsieur Antoine et les deux amants avaient formé un couple, puis conçu un bébé. Ce bébé est né, et hop ! Magie ! Voici que mademoiselle Isabelle disparaît pour laisser place à une *maman* jusque-là inconnue. Monsieur Antoine disparaît lui aussi, laissant place à un *papa* qui n'existait pas jusque-là et ne se connaît pas lui-même. Chacun a perdu de soi ce qu'il en connaissait et découvre un autre dont il ne connaît rien. Il faudra du temps pour s'y retrouver. Difficile d'être un couple dans ces moments-là.

D'autant plus qu'entre vous deux, il y a ce petit être vagissant qui vous saisit d'amour avec une violence inconcevable, au-delà de tout ce qu'on a pu imaginer de l'amour.

Il va falloir quelque temps à cette maman pour se reconnaître telle. Quelques mois pour mûrir et passer de la jeune adulte à la mère, « environ cent jours pour cette capture émotionnelle », d'après Winnicott. Notre Antoine, lui, en pleine métamorphose, est en train de devenir père.

Voilà un couple fait de deux personnes inconnues d'elles-mêmes, inconnues l'une de l'autre et, qui plus est, inquiètes de ne pas savoir s'occuper correctement de leur trésor. Paradoxe : tandis que ses parents sont sans repères, le bébé, bien tranquille, maintient le cap.

Du nouveau-né au bébé

Il faut dire qu'il est le même, lui, le lendemain de sa naissance que la veille : le nouveau-né est un fœtus-dehors au lieu d'être un fœtus-dedans. Si ce n'est le changement de milieu, aérien au lieu de liquide, sa vie intime est tout aussi simple et évidente qu'avant. Cette période idyllique où il prolonge à l'extérieur son mode de vie de l'intérieur, je propose de la nommer « période inclusionnelle », parce qu'il vit dehors de la même façon que lorsqu'il était inclus dedans. Elle dure environ trois semaines.

La transformation qui va le faire passer de l'état de « fœtus dehors » à celui de « nourrisson » dure, *grosso modo,* entre trois semaines et trois mois. Toujours terminée avant cent jours, c'est une véritable adolescence.

Généralement, on pense qu'il n'existe qu'une seule adolescence, celle qui accompagne la puberté. En fait, de la naissance à l'âge adulte, tout un chacun passe par quatre « âges » et trois « adolescences ».

Avant d'être un adulte, on a été un enfant. Entre les deux, l'adolescence du grand. Chacun s'en souvient. Avant d'être un enfant, on a été un nourrisson. Entre les deux, l'adolescence du petit, souvent appelée par les pédiatres « première adolescence ». Beaucoup l'ont oubliée. Et avant d'être un nourrisson on a été un nouveau-né. Entre les deux, cette adolescence primitive. Tout le monde la méconnaît.

Adolescence : période de la vie où l'individu n'est « ni tout à fait le même, ni tout à fait un autre », où il va gagner un nouveau statut psychique. Quittant un territoire stable où il était solidement établi, il en rejoint un autre où il s'établira tout aussi solidement. Mais dans l'entre-deux, il avance par des voies incertaines sur un terrain qui se dérobe à chaque pas.

Tous les parents se souviennent de leur propre adolescence comme d'une époque âcre où ils étaient mal dans leur peau et menaient la vie dure à leurs propres parents. Ils savent par avance que, vers 11-15 ans, leur enfant connaîtra cette difficile période, riche en conflits, en manifestations physiques (acné, boulimie, fatigue) et en perturbations psychologiques (pleurs, angoisses, colères).

En revanche, la plupart ont oublié, ou n'ont jamais su, qu'ils avaient traversé des difficultés du même ordre dans la troisième année de leur vie.

En effet, durant les deux premières années, le nourrisson ne se vit pas comme une personne individuée, un « je » face à d'autres « je ». Il se vit comme un bloc où sa mère et lui sont fusionnés – c'est pourquoi on parle du stade fusionnel –, comme un « je-nous », d'autres disent un « moi-tout ». Ce n'est qu'à partir de deux ans qu'il accède progressivement, en une année à peu près, à la « conscience de soi » et devient, vers trois ans, un « je » face à un « tu », et du coup, face à d'autres « je ». Il n'y arrive qu'au prix d'un travail de scission de son bloc mère-bébé, scission souvent douloureuse, car elle suppose un travail de séparation et engendre des difficultés relationnelles entre l'enfant et ses parents.

Cette adolescence-là est également source de mal-être et s'accompagne de manifestations physiques liées au malaise psychique. Aux angoisses correspondent les cris, les pleurs, les colères infernales, les difficultés de sommeil et d'alimentation, les conflits.

Auparavant, il existe donc une période – je crois méconnue – plus courte car plus précoce, où le petit humain passe de l'état de nouveau-né à celui de bébé, du statut de « fœtus dehors » à celui de nourrisson, de ce que j'appelle le « stade inclusionnel » à ce que l'on nomme le « stade fusionnel ». Pendant cette plus ou moins longue période, le bébé bascule d'un âge à l'autre, d'un mode d'être à un autre. C'est pourquoi je la nomme

« adolescence du nouveau-né ». D'autant que cette transition s'accompagne des mêmes manifestations de malaise, d'angoisse, de difficultés relationnelles que celles que l'on constate au cours des deux autres adolescences.

Les mêmes difficultés s'expriment presque de la même manière, avec les langages spécifiques à chaque âge. Pendant ces quelques semaines, voilà la cohorte des ennuis sans rime ni raison médicale reconnue, des soucis de santé sans maladie, de toutes ces bizarreries que la médecine ne sait pas guérir. Heureusement, leur caractère fugace et leur résolution spontanée – toujours avant cent jours – disent assez clairement qu'ils ne sont pas pathologiques. Ils sont tellement banals qu'on peut les dire normaux, même s'ils sont parfois désagréables, et pour certains surprenants.

Problèmes d'ados

D'abord les ennuis de peau

Le plus bénin, même pour vous, ce sont ces petits boutons qui apparaissent vers quinze jours - trois semaines sur le visage, surtout sur le front et les joues. C'est une éruption absolument bénigne. Certains médecins la nomment d'ailleurs « acné du nourrisson », comme à la puberté, terme bien pesant pour une si petite chose, qui ne mérite aucun traitement puisqu'elle s'en ira toute seule sans laisser de traces et aura disparu avant cent jours.

Toutes les crèmes et soins dermatologiques compliqués sont sans effet. C'est une non-pathologie, ne lui appliquons aucun traitement, d'autant qu'elle ne gêne absolument pas le bébé.

Le seul conseil utile qu'on peut vous donner, c'est d'éviter lessives, eau de Javel et assouplissant pour laver les draps du berceau, produits pour bébé type lait de toilette, eau de toilette ou lingettes, en vous contentant de l'eau pour la toilette du visage – celle du robinet, bien sûr – et d'un simple savon en paillettes pour la machine qui lave le linge de bébé. Ces précautions ont pour seul but de ne pas agresser davantage la peau.

Ensuite les troubles digestifs

Ils sont de deux types :

– Une modification brutale du rythme des selles. Jusque-là nombreuses, fréquentes (plusieurs par jour, voire à chaque repas), elles deviennent tout d'un coup rares et difficiles à émettre. L'enfant passe des heures à pousser en vain, et il recommence chaque jour, et ça ne sort pas pendant des jours et des jours, deux jours, quatre, voire sept jours. Finalement, il finit par émettre des selles normales, pas spécialement dures, parfois moulées ou molles, en quantité habituelle, avant de recommencer le même cycle. Les parents, effrayés, le voient pousser comme un malheureux, avec le sentiment qu'il va exploser, et ils s'inquiètent beaucoup. Pourtant, après quelques semaines, ce drôle de rythme, qui n'a rien à voir avec le type d'alimentation au sein ou au biberon, et auquel les mesures diététiques que certains conseillent ne changent rien ou pas grand-chose, ce rythme va se modifier à nouveau pour être remplacé par une fréquence de grand. Pas nécessairement quotidienne, d'ailleurs, puisqu'il n'y a aucune loi qui indique que les selles doivent être quotidiennes, quel que soit l'âge, mais régulières. Là aussi, on l'aura compris, il s'agit d'une non-pathologie, et le meilleur traitement est de ne rien faire, surtout pas de stimulations anales au thermomètre, puisqu'avant cent jours tout cela se sera régularisé.

– Les coliques du nouveau-né constituent l'autre problème digestif, plus troublant. Ce sont des spasmes douloureux, elles n'ont donc rien à voir avec des diarrhées. Parfois en plein sommeil, mais plus souvent en plein repas, qu'il soit au sein ou au biberon, l'enfant s'arrête de téter, crie et se plie en deux, comme s'il avait reçu un coup. Après un moment, il reprend sa tétée quelques minutes, puis crie à nouveau. Comme il a le ventre plein d'air, il rote et pète tant qu'il peut, ce qui semble le soulager un peu. À quelques exceptions près, on ne trouve aucune cause alimentaire ou organique à ces coliques, qui surviennent généralement après le quinzième jour, le plus souvent pendant les repas de l'après-midi.

Ces coliques semblent être l'équivalent de ce que vous et moi connaissons bien lorsque nous sommes anxieux : on a l'estomac qui se noue. Et pourtant, dans ces moments-là, personne ne s'imagine être atteint d'une maladie du tube digestif.

Chez le bébé aussi, ces troubles vont disparaître tout seuls, en quelques semaines, sans qu'aucun traitement n'ait guéri cette non-maladie. Et pourtant, ce n'est pas faute d'avoir essayé : depuis des millénaires, toutes les médecines traditionnelles ont tenté d'apaiser ces douleurs, la pharmacopée moderne aussi, qu'elle soit allopathique ou homéopathique ; tous ces remèdes sont équitablement inefficaces puisqu'ils ne visent que le tube digestif.

L'essentiel, c'est de tranquilliser le bébé, ce qui est possible si ses parents sont rassurés parce qu'ils savent qu'il n'y a pas de pathologie là-dessous et que ça s'arrêtera bientôt.

Enfin, les difficultés du sommeil et de l'humeur

Certains bébés hurlent chaque soir, pendant des heures, sans que rien ne réussisse à les calmer. Ces cris surviennent toujours à cette heure « entre chien et loup », entre sécurité du jour et crainte du danger nocturne, lorsque l'appréhension gagne tous les animaux de la terre, humains et bébés compris.

Cela peut durer une heure ou deux vers dix-neuf ou vingt heures – il faut alors s'estimer plutôt heureux – ou bien se prolonger jusqu'à trois heures du matin, situation vraiment pénible, surtout pour lui, d'autant qu'elle se reproduit soir après soir. « Qu'on le prenne dans les bras ou pas, ça ne change rien, disent les parents. On a l'impression qu'il a faim, et après quelques gorgées il repousse le sein ou la tétine et se remet à hurler. On le berce, on le promène, il finit parfois par s'endormir un peu dans les bras, mais dès qu'on le pose dans son berceau, il se réveille en criant et ça ne s'arrête pas... Que faire ? Qu'est-ce qu'il a, docteur ? »

La première réponse que l'on peut donner, c'est qu'il ne s'agit pas d'une maladie. En effet, une maladie qui se signalerait à notre attention tous les jours à la même heure et qui nous laisserait tranquille le reste du temps n'en est pas une. C'est un malaise, lié vraisemblablement à l'inquiétude de l'entrée dans la nuit. Angoisse des parents, angoisse de l'enfant, ou angoisse des trois ?

Si c'est l'angoisse des parents, on ne voit pas pourquoi elle n'a pas commencé plus tôt : ils n'étaient pas précisément tranquilles, les premières semaines ! Et cela n'expliquerait pas pourquoi cela s'arrêterait toujours au bout de quelques semaines.

Angoisse de l'enfant alors ? Sans doute. Comme cela ne commence que vers trois semaines, et s'arrête toujours spontanément – toujours avant cent jours – on peut penser que c'est un autre indice du processus de transition, un autre signe du déséquilibre organisationnel du bébé durant cette période.

Alors, que faire ? D'abord, ne pas s'imaginer que c'est pour vous faire marcher que votre bébé crie, qu'il vous joue la comédie. Il y est totalement inapte. Ne le replacez pas dans son berceau où il va continuer à hurler parce que vous auriez décidé de « ne pas vous laisser faire ». Ensuite, ne concluez pas, sous prétexte qu'il continue à crier dans vos bras, que ça ne sert à rien qu'il y soit. Même si cela ne suffit pas à le tranquilliser complètement, cela le rassérène de savoir que dans son malheur, il peut compter sur votre soutien bienveillant. Quand vous-même êtes malheureuse, vous préférez que l'homme de votre vie vous prenne dans ses bras pour vous consoler – même si ça ne vous console pas – plutôt que de vous envoyer sur les roses... Votre bébé aussi. Alors, prenez-le, consolez-le, consolez-vous, marchez ! C'est l'heure où les papas usent les tapis, déambulant dans l'appartement avec leur bébé dans les bras. Eh oui, on est tous passés par là. Osez, même à deux heures du matin, la promenade en landau ou en voiture qui va permettre à tout le monde de se calmer. Et puis, sachez-le : « Cris du soir, espoir. » S'il crie ainsi, c'est que votre bébé a entamé son processus de maturation qui va l'amener bientôt, dans les semaines à venir, à se régler jour-nuit comme vous en rêvez depuis le début. Alors, courage !

Bien sûr, tous les bébés n'ont pas tous ces soucis, et n'en donnent pas à tous les parents. Et quand soucis il y a, ils ne durent pas toujours cent jours. En tout cas, ils ne se prolongent jamais au-delà.

Ces enfants n'étant pas malades, il ne s'agit pas de les guérir, mais de les soulager : masser le ventre d'un enfant qui a mal ne guérit pas une maladie, mais lui fait du bien, comme lui faire boire une infusion de menthe. Prendre dans les bras un enfant en train de hurler de mal-être ne lui enlève pas le mal-être, mais le réconforte et le rassure.

Ces ennuis qui n'existaient pas au tout début (alors que les parents n'étaient pas à l'apogée de leur sérénité) cessent spontanément au bout de quelques semaines. C'est le signe que le temps d'instabilité intime qui angoissait le bébé a laissé place à une ère de sécurité. Comme si son adolescence était finie.

Pendant cette période terrible où personne ne se connaît soi-même, où aucun ne connaît l'autre, chacun change, à son rythme : le bébé à vitesse supersonique, les parents à des vitesses variables. Et c'est pendant cette phase de profond bouleversement que l'entourage, la famille, les médecins, les « professionnels » viendraient parler de normes, de règles !

Essayez de ne pas trop les écouter. Ne vous opposez pas à la tempête qui vous entraîne, mais confiez-vous à elle car, dans tous les cas, je vous l'assure, elle vous emporte là où précisément vous rêvez d'aller.

Le bateau va gémir, craquer, mais il va tenir bon, il est étudié pour affronter ces tempêtes-là. Avant cent jours, vous pourrez relâcher au port. Vous aurez constitué une famille vraie, avec une maman vraie, un papa vrai, un bébé vrai.

Troisième partie

Big bang baby

1

Redistribuer les rôles

Vous voilà, tous les trois, petite famille, débarquée sur votre îlot, à l'aube de cette deuxième année de vie commune. L'arrivée du bébé – surtout du premier, celui qui vous fait père et mère – c'est le big bang, l'explosion dans votre noyau psychique. Font-ils preuve de réalisme, ceux qui vous disent : « On ne peut pas bouleverser la vie de toute une famille pour un bébé ! » Mais, pour que le bébé prenne sa place dans le monde, il faut bien qu'il décale tout le monde ! Le drame, justement, serait que rien ne bouge, comme si nul n'était advenu. Il faut bien admettre de lui faire une place, au nouvel arrivant. N'est-ce pas cela, d'ailleurs, que vous lui demanderez de faire dans quelques années, lorsque votre prochain bébé naîtra ? Une place, pas toute la place, en tout cas pas la vôtre. Ce n'est d'ailleurs pas ce qu'il cherche. Il ne vise ni à faire de vous des esclaves, ni à vous déposséder de votre autorité de parents. Il ne vise rien. Il a besoin de vous, comme vous êtes, à votre place de parents. Il a besoin pour grandir et se structurer de vous sentir deux piliers solides sur lesquels s'appuyer. Solides mais pas rigides, au contraire, cela les fragiliserait.

L'autorité parentale – celle que vous détenez et dont vous n'avez pas à vous départir – n'a rien à voir avec l'autoritarisme, l'omnipotence ou l'absolutisme. Une volonté forte ne signifie pas obstination, immobilisme ou intransigeance. L'autorité morale ne se confond pas avec une excessive minutie ou un vain formalisme. Une fois tracés les grands axes, définis les grands principes qui guideront votre vie, il s'agit de s'y tenir, sans chicaner à tout instant sur des vétilles. Votre autorité sera d'autant plus valide qu'après avoir, à deux, déterminé le cap – les orientations morales auxquelles vous tenez par-dessus tout – vous laisserez aller les choses de sa vie comme il l'entend. Que représentent dix grammes de lait par rapport à l'apprentissage de la liberté ? Quel est l'intérêt de l'heure de la montre au regard de l'acquisition du respect de l'Autre, de l'égale valeur de l'Autre, du sens de l'égalité ? Quel est, dans la balance, le poids du « réglage », du « dressage », face à l'enseignement de la bienveillance et de la justice ?

Rappelez-vous d'abord qu'il n'y a pas de norme. L'enfant, en déboulant dans le jeu, déséquilibre toutes les quilles. C'est vrai aussi pour le deuxième et le suivant : connaître le jeu et ses règles n'empêche pas d'aller de surprise en surprise.

Si l'enfant ne s'inscrit pas dans le cadre qu'on a prévu pour lui, ou bien le cadre est inadéquat, ou bien l'enfant est inadéquat. Il faut choisir : soit on casse le cadre, soit on casse l'enfant. Votre bébé est là, sans aucun schéma préétabli – contrairement à vous. Il n'a donc aucune raison de rentrer dans le vôtre. C'est pourquoi il va vous faire mener une vie anarchique, à côté de votre ordre. Le principe même du nouveau-né, c'est le désordre, le chaos.

Prévoyez et acceptez la maisonnée avec cet enfant-là qui la dé-range, qui est là pour la déranger. Ça va être l'enfer ? Ne vous y opposez pas, et vous gagnerez tous le paradis !

Votre bébé, c'est vraiment quelqu'un. Ne laissez pas ceux qui vous entourent vous amener à refuser ce qu'il est. Ne les laissez pas vous entraîner à penser du mal de lui. Bien sûr, il vous arrivera de détester les difficultés qu'il vous impose. Il vous arrivera même sans doute de le haïr, ce qui vous entraînera à vous haïr vous-mêmes et à vous sentir coupables. N'y voyez pas le fait de votre infamie personnelle, ni celui de sa vilenie. C'est le résultat de l'amour fou. C'est le fait des ajustements majeurs que vous avez à faire. Acceptez-vous bonne mère et bon père, même de le haïr parfois, et acceptez-le haïssable parfois. Ni ange, ni démon, humain seulement.

Ne laissez personne penser de votre enfant ce que vous ne pourriez pas penser de vous. Ou de celui – de celle – que vous aimez. Après tout, lui aussi – elle aussi –, il vous arrive de le détester...

Votre bébé est à la fois tellement vous et tellement différent de vous. Il vous est à la fois si proche – il a été porté par vous, sa mère, il est encore une partie de vous, et vous une part de lui –, et si étranger – il n'a ni vos références temporelles, ni vos valeurs culturelles et morales, ni vos modes d'expression langagière. Il est autre que ce que vous avez fantasmé avant sa naissance. Il en devient, comme écrivait Freud, *« Unheimlich »*, avec les deux sens mêlés du mot, aussi bien « l'inquiétante familiarité » que « l'inquiétante étrangeté ». Il vous est à la fois si profondément familier et si fondamentalement étranger qu'il en devient « inquiétant ».

Votre difficulté à vous arranger avec lui est d'autant plus grande, votre dépit à constater l'imperfection des relations d'autant plus amer qu'on vous aura fait miroiter qu'avec lui, ça allait être comme dans les romans d'amour. Eh bien non, ce n'est pas un roman.

Vos vies vont être bouleversées, vos valeurs renversées, vos appuis déplacés.

Au cœur de ce bouleversement, la mère. Elle voit s'y dissoudre son être de jeune fille et elle réapparaît transmuée en maman/bébé. Autour de ce nouvel atome gravite un homme, à la trajectoire un peu floue, au statut d'abord un peu incertain : le père. De cette femme et de cet homme s'était constitué un couple dans une exclusive attirance. L'astre nouveau qui naît, par son extraordinaire énergie d'attraction, va venir tout brouiller.

Dans les parages immédiats, les grandes sœurs et les grands frères sont eux aussi fortement bousculés, contraints de modifier leurs positionnements et de se réadapter.

Plus loin, les grands-parents et arrière-grands-parents, mais aussi les oncles, tantes, cousines, cousins, neveux et nièces jouent des rôles aux intrications complexes. Penser le bébé hors de la socialité, en particulier celle de la famille, serait illusoire et fallacieux. Le nouveau-né, au moment où il arrive, s'inscrit dans l'histoire familiale. Il prend sa place dans l'arbre généalogique aux ramifications multiples et il le modifie.

Il n'est pas question d'être ici exhaustif dans l'analyse des interrelations et des interactions précoces. Toute une bibliothèque – notamment psychanalytique – existe, composée par des auteurs compétents dont l'apport est décisif pour notre compréhension du bébé et des bouleversements, justement, que provoque sa venue.

Il ne me semble pas inutile pour autant de revenir sur les réaménagements qu'entraîne, toujours, l'arrivée d'un bébé. Les reconnaître comme universels nous aide à ne pas en souffrir comme d'un dysfonctionnement personnel.

Intéressons-nous à chacun des personnages de ce *« drama »*. Bien entendu, c'est par la mère que nous commencerons. C'est bien elle qui, au premier chef, est bouleversée par cette naissance, malgré la récente apparition des « nouveaux pères » dans la « nouvelle naissance ». Ils comptent, certes, et sont les bienvenus, mais l'histoire se joue surtout, au début, entre le bébé et sa mère.

2

Mère, bêtement, béatement

Le statut de mère est singulier, indubitablement. De tous temps, dans toutes les cultures, chez tous les peuples, ce sont les femmes qui ont effectué et qui effectuent le travail maternel par excellence. Ce sont elles qui assurent ce rôle social primordial d'éduquer les petits (du latin *ex-ducere* : conduire au-dehors). Il s'agit là d'une activité de pleine valeur, même si cela n'impose pas qu'elle s'exerce à plein temps.

Si la singularité maternelle est fondée, comme dans toutes les autres espèces animales, sur des réalités biologiques, chez les humains, ces bêtes réalités se sont au fil du temps enrichies et le statut de la mère se définit aussi aux plans social, moral, idéologique. Cette dimension essentielle, spécifiquement humaine, tend à se présenter comme prédominante, voire exclusive. Ne serait-on pas, aujourd'hui, tentés de nier la dimension biologique de notre existence ? On voit s'estomper les frontières entre les êtres sexués que nous sommes, s'affaiblir les définitions, se chevaucher les rôles. Tout se mêle. Nul ne sait plus qui il est. Or le besoin légitime de retrouver des identités solides n'implique en rien la nostalgie de la domination de l'un sur l'autre, mais exprime l'aspiration à une structure associative où chacun puisse, à égalité de pouvoir, jouer sa partition avec justesse, dans un duo harmonieux. La mère son rôle de mère, le père son rôle de père.

C'est bien dans sa mère que le petit a pris corps, c'est bien d'elle qu'il a tiré sa substance. C'est elle qui s'ouvre pour le laisser se séparer d'elle. Tant qu'il n'est pas né, tant qu'il est inclus en elle, la mère a le sentiment que le bébé est protégé par sa peau, « immortel » en quelque sorte. Mais l'expulser de son ventre, le des-inclure, faire acte de naissance, c'est aussi d'une certaine façon l'admettre en danger de mort. Mettre au monde, c'est déclarer mortels celles et ceux de sa lignée, tout en assurant la continuité de la vie au-delà de sa propre mort.

La femme qui accouche rend aussi – inconsciemment – présente la mort de sa propre mère, la grand-mère du bébé. Elle rejoue en quelque sorte sa propre naissance par laquelle elle a rendue sa mère mortelle. Aussi – et peut-être surtout – elle scelle le présent de l'enfant devenu un vivant parmi les vivants, donc un simple mortel. « Il devrait être encore dedans. Quand je l'ai mis dehors, je l'ai mis en danger de mort», me disait une mère. Certaines femmes, submergées par cette angoisse au moment de leur accouchement, ne peuvent se résoudre à laisser sortir leur bébé. «C'est trop dangereux.» L'anxiété les dépasse, tout se bloque; c'est alors la césarienne qui ouvre la voie à la vie.

Compétence maternelle

Au moment où le bébé naît, c'est la mère, et elle seule, qui se scinde, qui se dédouble, qui se divise. Même si le père est prêt à se couper en quatre, comme la plupart des mâles de la création pour la protection de leurs femelles et de leurs petits. Comme le loup N'a-qu'un-œil dans *Croc-Blanc* de Jack London, ils veillent sur la caverne, mais ce sont les femmes du groupe, les «matrones», sages-femmes, nourrices, grand-mères, tantes, voisines, mères elles aussi pour la plupart, qui dans toutes les civilisations du monde entourent la mère débutante et la soutiennent dans ce difficile cheminement. Aujourd'hui encore, malgré la technicité de la naissance, ce sont ces com-mères qui vous épaulent et vous assistent de leurs conseils, pourtant souvent contradictoires, au gré des générations et des modes médicales.

Vous êtes dans une période où, toutes amarres larguées, vous êtes prête à écouter tout ce qu'on vous dit. Comment vous aider à vous y retrouver?

Le plus simple serait de vous dire d'écouter votre «instinct». Mais où est-il donc passé, votre instinct, après vingt ou trente années de vie sociale tellement désinstinctivée? Qui donc est capable de vivre instinctivement, si ce n'est un être encore complètement instinctif, complètement « bête », pas le moins du monde civilisé, ce nouveau-né, justement, qu'on vous conseille de « ne pas trop écouter » ?

Y a-t-il quelqu'un qui, mieux que lui, puisse vous dire ce dont il a besoin ? Je ne le pense pas, moi qui vis au milieu des bébés. C'est d'ailleurs pour cela que je pense « bête » ! Vous aussi, vous pouvez penser « bête ». Car s'il y a bien un moment de l'existence où l'on plonge au plus profond de notre animalité, c'est celui de l'accouchement et de la naissance.

Quand je dis aux mamans : « Suivez votre bébé aveuglément, vous allez palper le réel, toucher l'instinct de vie. Soyez dans la nature, la sienne ! En désapprenant provisoirement la civilisation, vous allez retrouver l'instinctuel », je tâche de leur rendre leur compétence. Regardez les mères qui appartiennent à d'autres espèces. En avez-vous jamais vu se détourner de la demande de leurs petits pour les « dresser » ? Avez-vous jamais vu une cane refuser d'aider son caneton qui l'appelle, sous prétexte qu'il est trop exigeant ? C'est en écoutant votre bébé, en n'écoutant que lui, que vous vous conformerez à votre instinct maternel, que vous vous renforcerez dans votre bien-faire de mère, que vous réaliserez votre désir d'être la meilleure maman possible.

En vous conseillant de vous rapprocher ainsi de votre nature, de sa nature, du naturel humain, je ne prétends pas vous indiquer des chemins de facilité. Comme l'écrit Penelope Leach dans son livre, *Les six premiers mois du bébé* (Seuil, 1986) : « Depuis quand “naturel” est-il synonyme de “facile” ou d’“insignifiant”? » Cela ne sera pas facile, mais vous cesserez ainsi d’être écartelée entre l’appel de vos tripes et les conseils désincarnés des docteurs-techniciens-de-l’enfant.

Vous allez devenir « esclave » ? Et alors ! Votre bébé ne vous le demande que pour quelques semaines, n’hésitez pas à les lui accorder. Décidez activement d’être esclave de votre amour. « Je t’ai fait pour que tu sois heureux, il n’y a rien qui me rende plus heureuse que de te rendre heureux. » Et ne craignez pas alors de mal l’éduquer. C’est la seule éducation qui vaut. Car vous lui fournissez ainsi une assise solide pour qu’il s’élève seul : « Je ne me méfie pas de toi ; si tu es dans la difficulté, je suis là, tu peux compter sur moi – sur nous – toujours et en tout lieu : tu as deux parents, tu peux t’appuyer sur eux. » Votre bébé en conclut qu’en prenant appui sur ce socle solide il peut s’élancer dans le vaste monde.

Une fois que les fondations seront bien constituées, vous aurez toujours le temps de lui apprendre à ne pas mettre ses doigts dans son nez ! Un seul précepte en somme : éviter les dangers graves et ne pas en induire. Hormis cela, qui ne se discute pas, tout peut se discuter. Attachez-vous seulement à lui donner les moyens de mener sa vie comme il l’entend, sa vie à lui, même s’il n’est pas parfait. Qui l’est ? Il n’empêche que c’est le vôtre le plus beau ! Pour vous, bien sûr, pas pour moi... Ce sont les miens les plus beaux ! Qui demande à l’amour d’être objectif ?

L'amour fou

Votre bébé est là pour vous séduire : laissez-vous séduire ! Il a bien le droit d'avoir une mère béate. Et n'hésitez pas à le séduire : quand on est amoureux, on vit en amoureux. Câlinez-le comme vous aimeriez que tous les enfants le soient, comme vous auriez aimé, comme vous avez aimé l'être. Ne vous privez pas, ne le privez pas de ce qui fait le bonheur du jour. Corps à corps, cœur à cœur, peau à peau, œil à œil. Sans avoir peur de lui faire mal ou de le casser si vous le serrez dans vos bras : il n'est pas en cristal de Baccarat !

Faites ce dont vous avez envie, ce qui n'est d'ailleurs pas si facile. On vous a si souvent répété : « Si tu le prends dans les bras, tu lui donnes de mauvaises habitudes » que vous n'êtes pas à l'aise dans vos réactions. Si vous faites ce qui lui est agréable – le prendre quand il pleure –, vous vous sentez mal ; et si vous faites ce qui lui est désagréable – ne pas le prendre –, vous vous sentez mal de l'entendre pleurer.

À l'ombre des bébés en pleurs, il y a les mamans en larmes. « Je n'arrive pas à supporter qu'il pleure ! Je ne peux pas m'empêcher de le prendre quand il crie. » Mais qui ose demander le contraire ? Vous avez le cœur brisé lorsqu'il pleure à cœur fendre... À quel titre devriez-vous ne pas tout faire pour le consoler ? Je n'hésite pas à faire l'éloge de la caresse, qui apporte le bonheur. On a même récemment démontré, expérimentalement, que ça rendait les ratons plus intelligents ! Peu importe d'ailleurs, cela rend heureux, c'est cela seul qui compte. Et sachez que plus vous le consolerez dans ses cent premiers jours, considérés comme le premier pic des cris de bébés, moins le deuxième pic de cris, au quatrième trimestre, sera intense et prolongé.

Mais si à un moment vous n'en avez pas envie, si vous n'en pouvez plus, n'en faites pas un drame, ce n'en est pas un, à condition de s'en expliquer avec lui.

Une frustration ponctuelle ne débouche pas nécessairement sur un traumatisme. Inutile pour autant, parce qu'on vous a infligé cette stupide et térébrante morale, de faire de l'entraînement quotidien à la frustration « pour lui apprendre ». Vous avez pu être impressionnée par ce qu'on a écrit des conséquences sur leurs bébés de l'angoisse de certaines mères. Il s'agit en l'occurrence d'une pathologie qui ne concerne heureusement que très peu de mamans. Alors, ne soyez pas dans l'angoisse permanente d'être angoissée ! Ne vous désespérez pas de chaque pleur de votre bébé comme si vous étiez fautive. Revendiquez votre responsabilité et assumez-la. Certes, vous êtes responsable puisque vous êtes la source de sa vie, avec ses malheurs et ses bonheurs.

Faut-il vous sentir coupable pour autant ? On le sait, la culpabilité assaille et envahit chaque mère à la naissance de son enfant, mais au moins, n'aggravez pas les choses en vous mettant en tête de devoir atteindre à l'impossible perfection. Ne tentez pas d'être une super-woman, car les superwomen craquent un jour, et douloureusement.

À force d'entendre cette phrase, lorsqu'un enfant a des problèmes psychologiques : « C'est de la faute des parents », vous avez peut-être fini par croire qu'elle était fondée. Faites plutôt confiance à l'habituelle pertinence de Françoise Dolto pour qui « ce n'est pas de leur faute, même si c'est de leur fait ».

« J'ai passé une grossesse tellement triste... En sera-t-il marqué pour toujours ? », « Je suis angoissée, ça n'est pas irréparable ? », « J'étais tellement crevée que je ne l'ai pas entendu pleurer pendant une heure, il va m'en vouloir ? » Ces questions, je les entends chaque jour...

Il y aura forcément des moments où vous serez incapable de comprendre ce qu'il vous demande, et d'autres où vous vous tromperez. Il faut admettre qu'on peut se tromper, et qu'on peut aussi tarder. Il n'y a pas toujours urgence, tout besoin ne doit pas être satisfait à la minute. L'essentiel n'est pas dans la perfection de la réponse, mais dans le désir de répondre juste. L'objectif n'est pas de ne jamais faire d'erreur, mais de refuser de faire exprès des âneries, de refuser de s'obliger à la mal-veillance.

Quand je vous conseille de ne pas laisser délibérément pleurer votre bébé, cela ne signifie pas que vous deviez accourir au moindre bruit, comme si une minute de pleurs allait lui faire un tort irrémédiable. Je vous invite seulement à lui faire savoir que vous vous efforcez toujours de le comprendre et de le consoler, même si vous n'y parvenez pas.

Il pourra toujours se remettre d'avoir souffert, mais il aurait du mal à se remettre du fait qu'on l'ait, de propos délibéré, laissé souffrir. Il ne vous en voudra jamais d'avoir raté quelque chose avec lui si vous avez tenté de le réussir avec lui.

Ne vous imaginez pas cependant qu'il n'y a que trois ou quatre choses à comprendre de ses cris – faim, sommeil, besoin de câlin –, même si ce sont les plus fréquemment exprimées. Il a autant de choses à exprimer que vous.

Ne vous mettez pas martel en tête de l'avoir laissé pleurer quelques minutes sans le prendre, s'il s'est endormi ensuite ; c'est sans doute que son besoin n'était pas trop pressant, ou peut-être était-ce justement de dormir qu'il avait envie. Rien de grave n'était en jeu. Et quand il crie depuis si longtemps, sans que vous réussissiez à le calmer, si l'idée vous effleure de le jeter par la fenêtre, ne vous effondrez pas en vous traitant de mère indigne, on ne peut pas toujours tout supporter. Mais ne passez pas à l'acte !

À l'inverse, si vous mourez d'envie de le prendre dans vos bras alors qu'il n'a rien demandé, ne craignez pas de vous engager sur un chemin sans issue. Prenez-le : puisque c'est bon pour vous, c'est bon pour lui.

Quelle réussite ?

C'est tout un travail d'harmonisation entre la mère, le père et le bébé qui fait la réussite de la relation. Il y a un long temps d'apprivoisement avec cet enfant que vous ne connaissez pas, mais auquel vous êtes attachés dès le premier instant. L'aimez-vous ? Sans doute. Vous aime-t-il ? Peut-être pas, car peut-on, dès l'abord, nommer « amour » cette espèce d'attirance irrésistible qu'il ressent pour vous ? Le lien d'amour est une entente à construire, elle n'est pas nécessairement donnée tout de suite. Il va lui falloir du temps pour que son instinctif attachement, renforcé par tout le bon qu'il recevra de vous, se mue progressivement en amour.

En le nourrissant de votre amour, du lait que vous lui donnez, que ce soit celui du sein ou celui du biberon, des caresses que vous lui dispensez à foison, des consolations que vous lui offrez à volonté, vous lui ferez voir en vous une mère non pas « positive » – cela ne l'intéresse pas – mais une mère aimable, une mère qu'il aime. Une bonne mère. Peut-être voudriez-vous être une meilleure mère, mais pour votre enfant vous êtes carrément la mère idéale. Faites avec qui vous êtes, non pas avec un modèle de mère idéale, et votre bébé sera comblé.

Ne soyez pas non plus tétanisée par l'injonction « réussir son bébé » qui vous est assenée de toutes parts. Ce n'est pas parce qu'on parle beaucoup des compétences du bébé qu'il doit passer son temps à vous en fournir des preuves. Ne vous demandez pas quoi faire pour le stimuler, pour l'éveiller, pour le rendre intelligent. Il l'est, intelligent ! Ce qui permet à son intelligence de s'épanouir, ce ne sont pas les jouets d'éveil, les stimulations organisées en « clubs de caresse », les magnétophones américains qui lui passent pendant son sommeil des cassettes de langues étrangères et de mathématiques !

Le meilleur instrument d'apprentissage, c'est votre amour ; le meilleur jouet d'éveil, c'est vous ;

la stimulation la plus efficace pour développer ses possibilités, ce sont les dons de vous que vous lui faites. N'anticipez pas. Mais soyez disponible pour accueillir ce que votre enfant va vous donner au moment où il le donne. Et ça, c'est vrai toute la vie. Oubliez les chiffres, ils sont fallacieux. Lorsque l'on dit par exemple que les bébés tiennent assis à huit mois, il faut comprendre que certains le font à six mois, d'autres à dix, et qu'on ne commence à se poser des questions que s'ils ne le font toujours pas à douze mois.

Souvent les parents, pressés par l'air du temps, veulent aller vite, très vite, trop vite. « Quand va-t-il tenir sa tête ? Peut-on commencer le jus d'orange, les légumes, la cuiller ? Et le pot ? »

Prenez l'habitude de vous forcer à être lents, vous serez encore trop rapides pour lui. Tôt ou tard, il acquerra tous ces savoirs par le seul fait de sa maturation personnelle et après s'être laissé grandir tranquillement en vous regardant vivre.

Plutôt que de le précéder en le tirant vers l'avant pour l'emmener où vous voulez qu'il aille, tenez-vous prêts à l'aider dans ce qu'il veut faire en vous plaçant en arrière de lui, pour le soutenir. Il sera d'autant plus à son aise que vous le laisserez avancer de son pas en assurant ses appuis.

S'il veut aller plus vite dans son évolution, laissez-le faire : ça n'abîme ni les jambes ni la colonne vertébrale de tenir assis ou debout à six mois, contrairement aux prophéties inquiétantes. À l'inverse, s'il veut aller moins vite, même si cela vous aurait arrangé qu'il se presse, ne le poussez pas à accélérer, n'essayez pas de gagner du temps, vous risqueriez d'en perdre. Se battre trois mois pour qu'il dorme la nuit serait vous priver de trois mois de plaisir, puisqu'il le fera de toute façon. Le pousser durant un an à marcher et s'inquiéter si ce n'est toujours pas arrivé à dix-huit mois vous fera vivre un an d'inquiétude pour rien puisqu'il est programmé pour marcher spontanément avant deux ans. Et quel gâchis ce serait de se battre deux ans pour le « rendre propre », alors qu'il est conçu pour maîtriser ses sphincters aux alentours de deux/trois ans, comme le font spontanément les bébés chimpanzés à cet âge, et sans « apprentissage ».

Pour lui ouvrir le champ des possibles, vous allez multiplier les propositions, mais nul autre que lui ne choisira ce qui est bon pour lui.

Les parents proposent, le bébé dispose.

3

Les places du père

J'utilise ici un pluriel, car la position du père, loin d'être univoque comme celle de la mère, est complexe et multiple. Dans les premiers temps après la naissance, la femme, même si elle voulait résister, est happée par une attraction tellement impérieuse qu'elle est quasi exclusivement mère. L'homme est impliqué sur un mode moins direct. Naviguant tantôt au plus près de sa femme, tantôt dans les parages de son bébé, il a bien du mal à trouver sa nouvelle définition.

Il était compagnon, mari, voilà tout d'un coup que quelqu'un s'installe, comble sa femme et rompt de fait la relation exclusive du couple. Il peut se sentir évincé.

Ça ne va pas de soi

Il sera papa, il est en train de le devenir, mais dans l'immédiat, son bébé est engagé dans une liaison absolutiste avec sa mère, dans un rapport inclusionnel avec elle qui ne laisse que bien peu de place à tout autre, fût-il son père. Pas facile de se définir clairement dans cette situation mouvante ; d'autant que dans le même temps, tout comme se rejoue la relation de la mère à sa propre mère, cette naissance qui le fait père réactualise dans son inconscient ce que furent ses relations de petit garçon avec ses parents. Avec sa mère, certes, mais plus encore avec son propre père.

Le travail psychique que la mère a pu largement entamer durant sa grossesse, il va devoir l'accomplir, lui, en quelques heures : « Je suis entré à l'hôpital ; quand je suis ressorti, je n'étais pas le même homme. »

La mère a un point d'ancrage certain, son bébé, avec lequel elle fait corps depuis toujours, auquel elle adhère sans distance. Même si ses autres repères tanguent, elle, au moins, est absolument sûre d'être la mère. Lui, sans avoir réellement eu le temps de s'y préparer, est brutalement projeté dans une situation beaucoup plus floue. « La paternité, c'est une question de foi ! », m'a-t-on dit un jour.

La mère transmet directement, avec certitude, une partie de son être à son enfant, et c'est elle qui investit l'homme à la place de père de son bébé. En revanche, c'est lui qui introduit l'enfant dans la société. Il lui donne son patronyme, la seule marque, ô combien symbolique, qu'il peut lui transmettre immédiatement.

Il n'est donc pas sans intérêt pour lui, pour son bébé, pour sa femme, qu'il déclare lui-même son enfant à l'état civil, première démarche de socialité. Or, depuis quelques années, la pratique change : de plus en plus souvent, l'officier d'état civil passe à la maternité dans la journée, généralement donc en l'absence du père. On comprend ce souci de simplifier les démarches, mais a-t-on mesuré la perte symbolique que cela peut représenter, d'autant que le nom du père n'est plus donné systématiquement ?

Ces nouveautés administratives, et plus encore l'apparition des techniques de procréation médicalement assistée, créent la diffuse impression qu'on peut faire des bébés « avec les docteurs » mais sans le mâle, ce qui ne contribue pas à clarifier le statut du père.

Et pourtant, il peut être fier, ce père, d'avoir conçu cet enfant magnifique ! Ce garçon vigoureux qui portera son nom et le transmettra à ses propres enfants (dans de nombreuses cultures, le nom de famille est complété par la mention « fils de » : *Ben* en hébreu, *Ibn* en arabe, *vitch* en russe, *von* en allemand, tout cela marque la filiation paternelle), cette fille si jolie qu'on dirait sa femme, ou sa mère, ou sa grand-mère, enfin toutes les femmes qu'il aime.

Les relations qu'il établira avec ses enfants ne seront, bien sûr, pas les mêmes selon que le bébé sera fille ou garçon. Il les aimera chacun à sa façon. Le fils dans un rapport entre mâles, à la fois de continuation et d'intrusion. Il lui apprendra à marquer son territoire, tout en défendant le sien propre. Il le verra étonner sa mère par sa différence et par son mystère, et la séduire. Sa fille, qui l'émeut tant, il la couvera d'un regard attendri, presque intimidé, alors que sa femme la regardera comme un prolongement d'elle-même, mais en même temps comme une rivale potentielle auprès de son mâle-père.

Chacun des enfants réactualise pour ses parents des référents, inconscients ou conscients, des personnages de leur propre histoire : grand-père, père, oncle, frère, maître, camarade, grand-mère, mère, tante, sœur, amie. Divers, selon la place occupée sur l'arbre généalogique, selon les références culturelles, selon l'ordre familial, selon les pages d'histoire tournées, et sans que tout soit forcément clair. Beaucoup de choses se jouent dans les profondeurs de l'inconscient. Jusqu'au prénom attribué, qui détermine et est déterminé par ces évocations psychiques et historico-familiales. « Leurs prénoms font de nos enfants des revenants », écrivait Freud.

Difficile, dans ces conditions, de se poser comme une obligation d'aimer tous ses enfants « pareil ». Les enfants sont différents dans leur sexe, dans leur histoire, par la place qu'ils occupent dans l'histoire de leurs parents. Ces derniers, d'ailleurs, sont loin d'être semblables. Différents par leur sexe, ils le sont aussi par leur histoire individuelle.

Autorité et sentiment

Voilà pourquoi je réagis lorsque j'entends une maman dire : « J'ai très envie que mon mari s'en occupe autant que moi, qu'on ait les mêmes rapports avec notre bébé. » Non ! Il ne s'agit pas d'avoir « les mêmes » rapports mais que chacun puisse nouer des relations privilégiées avec lui.

Tandis que la mère se coule dans l'enfant, le père gravite autour du nouvel assemblage mère-bébé. Quand le papa ne paterne pas, c'est parce qu'il ne le sait pas, ne le veut pas ou ne le peut pas, que cela lui fait peur, ou qu'il croit que la mère sait ce que lui, par définition, ne saurait pas. Comme la mère, il craint de ne pas être à la hauteur. Il l'appréhende d'autant plus que, si toutes les femmes ont une référence maternelle claire – « bonne » ou « mauvaise » –, tous les pères n'ont pas un modèle paternel bien défini.

Parfois, leur propre père a été absent, physiquement ou symboliquement. C'est difficile d'être père, pour un homme sans père. Parfois, leur père s'est exclusivement cantonné dans le rôle de détenteur de l'autorité familiale, se coupant ainsi de l'expression des sentiments, voire de leur accès. « J'ai beaucoup souffert que mon père ne se soit jamais occupé de moi, et je ne me souviens pas qu'il m'ait pris dans ses bras », me confiait un jeune papa résolu à vivre autre chose avec ses enfants. Mais comment allait-il s'y prendre ? Car le statut de père a considérablement évolué dans nos sociétés au cours de ces dernières décennies.

Tant mieux si, aujourd'hui, le père peut pleinement vivre ses émotions et sentiments sans honte ni regret, tant mieux si la femme partage l'autorité au sein de la famille et si son rôle social est reconnu. Encore faut-il que le père puisse garder sa spécificité !

Quand la mère indique les voies de la familialité, le père indique celles de la socialité. Du fait de sa position extérieure à l'atome mère/bébé, il est celui qui fait la transition entre famille et société, ce qui le désigne comme le « représentant symbolique de la loi ». Cela ne signifie en rien qu'il est le seul à devoir exercer l'autorité parentale, qui revient tout autant à la mère. Dire de celle-ci qu'elle est au plus près de son bébé, dans l'inclusion, la fusion, n'indique pas non plus que le père doive être expulsé du champ sentimental.

Reconnaître chacun dans sa complexité impose de repréciser les positionnements symboliques de l'un et de l'autre dans la constellation familiale. Sinon, on brouille les contours, on estompe les frontières entre les rôles de chacun : mère et père, femme et homme, parents et enfants. Laisser s'accumuler les brouillages fait naître d'intimes désarrois en chacun – homme dépaternisé, femme dématernisée, enfant désinfantisé – et participe à la confusion des valeurs.

À l'intérieur de la famille, substituer la mère au père et le père à la mère érode les fondements mêmes du psychisme infantile dans une espèce de dérégulation qui participe de l'embrouillamini général. Lorsque nos enfants ne sauront plus qui est qui dans les rapports familiaux, comment pourront-ils apprécier qui est qui et qui fait quoi dans les rapports sociaux ? À l'inverse, rendre leur valeur aux repères intra-familiaux et dans le même temps à la mémoire collective redonnera à nos sociétés humaines des fondations plus solides.

Ces brouillages émiettent les sociétés, dissolvent les groupes sociaux, estompent les interdépendances et les solidarités interhumaines. Big Brother s'en délecte d'avance.

Mais au début est le bébé et, à sa naissance, toutes ces valeurs sont en balance. Il est temps de se le rappeler.

Retournons à la vie quotidienne avec ce papa qui ne se sent plus tout à fait autorisé à être « autoritaire » – c'est mal vu de nos jours – et qui ne sait pas encore comment faire pour « paterner » sans copier le « maternage ». Qu'il soit libre d'être père comme il l'entend ! Comme il l'entend, comme il l'invente, puisque les pères paternaient si peu quand lui était petit.

D'ailleurs, est-ce bien passionnant d'apporter les couches, de faire couler l'eau du bain et de chauffer biberon, histoire de « participer » ? Participer seulement, alors qu'il tolérerait volontiers, lui, d'en profiter à part entière. Il n'a pas trop envie de jouer les utilités, pendant que sa femme fait tout ce qui est passionnant : donner la becquée, faire la toilette, donner le bain. Lui aussi, peut-être, le corps à corps l'intéresse !

Profiter de son bébé

Si vous n'avez pas envie, monsieur, de rester sur la touche, voici quelques conseils pratiques qui vous permettront d'établir avec votre bébé des relations extraordinaires, proches – sans être identiques – à celles que votre compagne a nouées avec lui.

C'est dans le peau à peau que tout se passe. Le docteur Nathalie Charpack, qui a mis au point, en Colombie, la pratique des « bébés kangourous » pour les soins aux prématurés, ne me démentira pas : on a pu voir de rudes papas un peu machos fondre de tendresse dans un corps à corps avec leur bébé qui se prolonge parfois pendant des semaines. Vous aussi, vous êtes heureux en faisant la toilette de votre nouveau-né et en lui donnant son bain à la maternité ? Continuez donc à la maison ! Et donnez-lui aussi le biberon : en devenant père nourricier, vous allez transformer la distance qui vous sépare de votre bébé en une merveilleuse proximité.

Un papa récidiviste me disait : « Les deux premiers, je ne les ai pas touchés quand ils étaient tout-petits... j'avais peur. Celui-ci, je lui donne le bain et le biberon depuis sa naissance, c'est extra, ça change tout ! »

Inutile de fantasmer, vous ne pourrez pas l'allaiter au sein. Cela, sans conteste, est réservé à la mère. Après qu'elle a porté son petit, après qu'elle l'a nourri du dedans et avant qu'il ne se nourrisse au dehors d'elle, elle peut ainsi durant quelque temps être active dans cette transition dedans-dehors qui ne concerne qu'elle et lui, en lui donnant cet aliment transitionnel, le lait de son sein. Mais il ne vous est pas pour autant interdit de le nourrir. Vous pouvez lui donner un biberon de lait de temps en temps. Je ne saurais trop vous le conseiller et vous recommander, pour cela, de profiter des repas de nuit.

Tout le monde va y trouver des avantages : votre femme va pouvoir, sans rien perdre ni de sa lactation ni de son intimité avec son enfant, dormir une nuit ou deux par semaine pour récupérer un peu. Vous-même allez mettre en place des relations directes avec votre bébé et vous aurez moins tendance à jalouser votre femme de s'occuper du bébé, et votre bébé d'accaparer votre femme.

D'ailleurs, elle sera tellement épuisée qu'elle n'aura pas la force de se réveiller pour venir surveiller et s'assurer que vous n'êtes pas trop godiche. « Enfin seul avec mon bébé. Seuls dans le silence de la nuit, à le nourrir les yeux dans les yeux, c'est le paradis ! » Votre bébé trouvera alors un père d'amour en plus du père de raison. Osez le faire très tôt, car les rencontres sont d'autant plus fortes que le bébé est plus jeune. Qui plus est, ces tétées de nuit ne vont durer que quelques semaines. Dépêchez-vous d'en profiter !

Et vous, madame, laissez-le faire, ne lui fermez pas la porte. Ne l'aiguillonnez pas trop non plus ; ce serait risquer de le déposséder. Laissez-lui trouver son propre mode d'approche, en tâchant de l'y conforter. S'il n'a pas la même façon de faire que vous, ne le lui reprochez pas. Laissez-le paterner comme il le peut, cela vous évitera d'avoir à materner et le petit et le grand. S'il n'est pas simple de devenir père, il n'est pas aisé non plus de devenir le compagnon d'une mère. Si passer du statut d'enfant avec parents à celui de parent avec enfant est loin d'être facile, passer de celui d'homme d'une femme à celui d'homme d'une mère est presque aussi difficile.

L'homme comme tout enfant a été le bébé unique de sa mère. Cette naissance réactive en lui une situation ancienne et complexe où il était auprès de sa mère en compétition avec son père.

Lorsque sa femme devient mère, ses angoisses infantiles reviennent. D'autant que, dans les premières semaines, l'énergie, la préoccupation, le temps requis par un bébé sont tels qu'il n'y a plus beaucoup de place pour l'homme. De plus, la naissance peut réactualiser pour lui une position archaïque. Sa femme devenue mère s'assimile en quelque sorte à l'image qu'il a, lui, de « la » mère, sa mère à lui, avec son statut de femme non désirable sexuellement, en vertu du tabou de l'inceste. Comme durant la période réfractaire qui, dans les autres espèces, suit la mise bas, sa femme lui devient en quelque sorte tabou.

Dans cette période, les relations sexuelles des parents peuvent être quasi impossibles. C'est la nature qui veut ça. Il ne s'agit ni d'échec, ni de perversion. N'y voyez mauvaise volonté ni de l'un ni de l'autre. Nombre de couples sont extrêmement fragilisés, certains même peuvent craquer, essentiellement par l'impossibilité du père à encaisser tous ces bouleversements. C'est pourquoi je ne saurais trop recommander à tous les couples qui font leurs débuts parentaux d'accepter comme universelles les difficultés du début, de les laisser s'apaiser et de prendre le temps de se reconstruire comme nouveau couple. Ne prenez surtout pas la décision de rompre pendant les premiers mois. Une séparation momentanée, s'il n'y a vraiment pas d'autre possibilité pour survivre, est concevable, mais il ne faut pas imaginer que tout peut reprendre de la même façon.

Ceux qui sont devenus parents ne sont plus deux jeunes adultes seuls au monde dans l'intersexualité. C'est leur lot désormais de transmettre à leur petit les fondements du savoir comment vivre qui s'articule au premier chef sur l'identification à des parents distinctement sexués.

Il va falloir que le temps passe pour que vous retrouviez, sur un autre mode, des raisons tout aussi valides, même si elles sont en partie autres, de rester ensemble.

4

Du côté des aînés

Disons-le d'emblée, pour les enfants déjà nés, l'arrivée d'un bébé n'est pas une sinécure. Si les parents sont comblés par ce nouvel enfant, il n'y a pas de raisons particulières pour que les grands frères et grandes sœurs en soient satisfaits. La seule bonne raison pour eux de l'être est justement l'amour que leurs parents lui portent. De même qu'ils ont toujours vécu dans l'intime conviction que tout ce qui leur venait de leurs parents était pour eux aimable, ce petit doit bien être, quelque part, à aimer. Mais c'est vraiment du troisième degré. Parce qu'au premier degré, sans conteste, c'est très dur. Dans tous les cas, c'est frustrant. Et culpabilisant puisque, cette fois-ci, ils n'apprécient pas ce que leurs parents paraissent tant aimer.

Jalousie obligée

Plutôt que de se voiler la face, de prétendre que « le mien, il n'a jamais été jaloux », admettez sa réelle jalousie. Heureusement d'ailleurs qu'il est jaloux, cet aîné : cela prouve qu'il vous aime. Cette réalité n'est ni mauvaise ni bonne, elle est incontournable. Inutile de vous dire : « Je ne voudrais surtout pas traumatiser le grand. » C'est déjà fait.

La jalousie est pour l'aîné un passage obligé, mais positif. Dans l'immédiat, la frustration est indiscutable, mais elle le structure et le fait progresser dans l'élaboration de la personnalité. Il va ainsi apprendre, avant l'âge adulte, qu'il n'est pas seul sur la terre. C'est un acquis fondamental.

D'ailleurs, seul l'aîné aura vécu quelque temps dans l'exclusive attention de ses parents. Le deuxième et les suivants vivront dès le départ dans la situation du partage obligatoire. L'aîné, lui, découvre qu'il a passé sa vie dans l'illusion qu'il était le seul habitant du paradis terrestre. La révélation que l'amour total n'existe pas lui fait craindre, plus que le partage, le désamour. Quitter le tout ne l'expose-t-il pas au rien ? Et ce bébé qui lui « tombe sur la tête » lui impose brutalement cette évidence, qui d'ailleurs vaudra pour le reste de sa vie : l'amour sans partage n'est qu'illusion.

Cette situation lui est révélée instantanément, car les enfants savent depuis toujours – bien avant que les adultes l'aient admis – que le bébé n'a rien de végétatif, que c'est vraiment quelqu'un qui compte, qui joue l'intégralité de la partition humaine. Sinon, il leur serait indifférent. Immédiatement, l'aîné craint que ce bébé prenne sa place, sa vraie place de personne humaine.

C'est dur pour vos enfants, bien sûr, et c'est pénible pour vous. La lancinante culpabilité de faire du mal à votre enfant tant aimé, jusque-là unique, revient à la surface. Inquiète de la souffrance présumée de l'aîné, vous vous sentez coupable de lui avoir « fait un enfant dans le dos », et du coup vous risquez de vous empêtrer dans votre rôle de parents.

Pourtant, l'aîné attend que ses difficultés soient nettement balisées et qu'une main parentale ferme trace la route franchement : « C'est par là qu'il est bon de passer, c'est bon pour toi. » Comment faire pour que cela se passe le mieux possible ?

Dans tous les cas, restez clairs sur les positions familiales : qui est la mère, qui est le père, qui sont les enfants. Et débarrassez-vous de l'idée qu'il y aurait un « meilleur moment ». Il n'y a pas d'âge pour mieux supporter l'intrusion d'un autre. Il y a certes des périodes où l'expression de la jalousie est moins forte, mais seule l'intensité de l'expression change, pas celle de la jalousie. Souvent beaucoup plus silencieuse à quinze ans qu'à deux ans, elle n'en est pas moins forte.

Faire un enfant, c'est votre choix. Vous ne le faites pas pour l'aîné. C'est son petit frère ou sa petite sœur, bien sûr, mais ce n'est pas son bébé, c'est le vôtre. Ce n'est pas lui ou elle qui le conçoit ni même qui décide de sa conception. C'est vous. Même si l'aîné(e) est d'accord, même s'il vous l'a demandé, au bout du compte c'est vous qui prenez la décision, vous qui l'assumez, sans compter sur l'aîné pour devenir un troisième parent. D'ailleurs, de quel droit lui attribuerait-on ce statut alors qu'il est parfaitement incapable de l'assumer et qu'il n'y a aucune part ? On s'imagine souvent qu'en agissant ainsi, on aide à « faire passer la pilule », mais c'est faux.

D'un côté, il serait extrêmement angoissé de se trouver investi de responsabilités qui dépassent ses compétences. De l'autre, vous lui laisseriez entendre que vous, ses parents dont l'appui lui était irrévocablement garanti, seriez susceptibles de vous décharger sur autrui de l'un de vos enfants. Pour l'aîné comme pour les plus jeunes, ce serait une faille dans la confiance qu'ils placent en vous. Enfin, vous lui conféreriez d'une certaine façon des « droits parentaux » sur le nouveau-né qui se trouverait de ce fait indûment inféodé à son aîné.

En outre, si l'aîné est pourvu du titre de parent (« c'est ton bébé » entend-on souvent dire, « et elle, c'est sa deuxième maman »), il faut être conscient du message qui passe, surtout si l'enfant est dans la période dite œdipienne (entre trois et six ans, *grosso modo*). Si c'est le bébé de la petite fille, il faut bien qu'elle ait trouvé un mâle avec qui le concevoir. Il n'y en a guère qu'un dans son entourage, un justement qu'elle voudrait pour elle : son père. Elle aurait donc conçu un bébé avec son père, avec l'assentiment de sa mère. Même si tout cela ne se passe que dans le fantasme, ça ne paraît pas la meilleure idée pour l'aider à « résoudre son œdipe », comme disent les psy, ni pour délimiter clairement les interdits et les tabous. Laisser planer un doute sur l'impossibilité absolue et définitive de l'inceste est toujours risqué.

Restez les seuls parents de votre enfant, de vos enfants, de chacun de vos enfants. Soyez nets avec l'aîné, même si ça lui est un peu désagréable au début. C'est essentiel pour son avenir psychique. Si durant la grossesse, votre fille, madame, a eu tendance à se substituer à vous en disant : « J'ai un bébé dans mon ventre », même si vous ne voulez pas être trop sèchement castratrice, il est néanmoins utile de lui préciser clairement que ce bébé-là est imaginaire. Pour avoir un vrai bébé dans son ventre, il faut attendre d'être grande, d'être femme, et de se trouver un homme à soi, qui en aucun cas ne pourra être son père. C'est sans appel. Dites-le avec le sourire, mais soyez sans ambiguïté sur les positions familiales.

Si chaque enfant revendique d'être l'enfant unique de sa mère, seul l'aîné l'aura été quelque temps, et pour ses parents aussi il conservera toujours ce statut. Est-il possible d'aimer le deuxième sans retirer de l'amour au premier ? Est-il possible d'aimer le second autant que vous avez aimé l'aîné ? Vous voici coupables, vis-à-vis de l'un et de l'autre. Pourtant, rien ne va manquer. Miraculeusement, l'amour est un bien qui se multiplie au lieu de se diviser. Plus on donne d'amour, plus on en a à donner.

D'abord, ne vous bercez pas trop d'illusions sur la « préparation » que vous avez bien sagement effectuée. Bien sûr, elle est indispensable. Comme pour tous les événements marquants de son existence – c'en est un ! –, votre aîné a le droit d'être informé par vous de ce qui va changer dans sa vie. Vous l'avez donc prévenu. Parfois même, c'est lui qui vous a prévenue : j'ai le souvenir de plusieurs enfants qui, par leur changement d'attitude inopinée, ont signalé l'intime transformation de leur mère qui ne se savait pas encore enceinte.

Hormis ce cas, ne vous précipitez pas pour le lui annoncer dès que vous le savez. Il a tout le temps pour l'apprendre. Je vous conseille de laisser le bébé s'installer fermement dans votre ventre avant d'en parler à l'aîné. La nature est ainsi faite qu'il est prévu qu'environ une grossesse sur quatre s'arrête avant trois mois. C'est normal. Mais c'est dur ! Tellement dur que les parents en restent parfois douloureusement marqués, même si nous pouvons leur expliquer cette brutale réalité biologique. Mais pour un enfant, qu'un enfant de ses parents puisse disparaître serait à la fois incompréhensible et terrifiant : « Pourquoi pas moi alors ? » Attendez donc trois mois avant de le lui annoncer pour que la certitude soit fondée. De la même façon, même si l'échographiste vous annonce – à votre demande – le sexe du fœtus, ne lui en faites pas forcément part. Après tout, l'échographie est incertaine, et l'échographiste faillible, comme tous les médecins. Les adultes savent que l'erreur est humaine, mais l'enfant pourrait en conclure que ses parents à lui ne sont pas aussi infaillibles qu'il le croyait, ou alors qu'ils sont capables d'échanger cet enfant qui ne leur convient plus contre un autre : « Pourquoi pas moi, alors ? »

Mieux vaut savoir

Laissez donc votre bébé qui naît annoncer lui-même qui il est. À vous, aux aînés, à la famille, au monde.

Ayant prévenu l'aîné de cette arrivée longtemps à l'avance, vous n'avez pas pu prévenir sa jalousie, ni même l'aider à être moins jaloux. Mais, et c'est très important, il n'aura pas le sentiment d'avoir été trahi. Et puis vous lui éviterez de penser que vous êtiez tellement gênée que vous n'avez pas osé le lui dire.

C'est encore plus important lorsque la maman enceinte doit être hospitalisée durant sa grossesse, par exemple pour une menace d'accouchement prématuré – ce qui peut durer des mois – et que l'aîné doit partir pendant ce temps chez ses grands-parents. Il est alors vital pour lui d'être tenu au courant du pourquoi et du comment des choses, puis de la naissance, même s'il est à l'autre bout du pays. Sinon, il sera blessé de trouver en rentrant sa place occupée, et cela peut être ravageur.

Quelles que soient les circonstances, il lui sera toujours moins difficile d'être confronté à la réalité qu'à son fantasme. C'est la raison pour laquelle, dès 1980, j'ai proposé que les enfants aînés du couple parental puissent entrer à la maternité voir leur mère et son bébé, malgré l'interdiction préfectorale. Débutée à Saint-Vincent-de-Paul dès cette année-là, et malgré la difficulté d'endiguer parfois le flot des copains et cousins, non concernés pourtant par cette dérogation, cette expérience a été jugée suffisamment bénéfique pour faire l'objet d'une circulaire ministérielle. Depuis, si l'entrée des enfants reste interdite, exception est faite pour les aînés dont la venue, sous réserve qu'ils ne soient pas malades, doit être encouragée dans toutes les maternités.

En effet, la visite de l'aîné, outre le fait qu'elle évite la rupture avec la mère, n'est pas destinée à lui faire mieux apprécier le nouveau-né, mais à lui faire connaître la réalité. Réalité d'ailleurs un peu décevante sur le plan strictement relationnel. Si vous lui aviez dit qu'il aurait un compagnon de jeu, il comprend vite qu'il peut remballer son ballon de foot ou ses poupées, le nouveau est vraiment trop petit. Mais au moins il sait qui est ce petit qui lui dérobe sa mère.

À ce propos, n'appliquez pas mécaniquement le conseil qu'on vous a donné : « Regarde, c'est un jouet que t'offre ta petite sœur ! » Il n'est pas stupide ! Dites-lui que c'est de votre part et que si sa petite sœur avait pu, elle aurait été ravie de le lui offrir elle-même. Avec son bel ours, il sera ravi lorsqu'il vous accompagnera pour sortir de la maternité, d'avoir « quelqu'un » pour lui. Même s'il est un peu déçu que vous ne laissiez pas le bébé... Dans les jours qui suivent le retour à la maison, il lui reste encore le vague espoir que vous allez comprendre votre erreur et le rendre. Mais le nouveau s'incruste. Décidément, il va falloir faire avec !

Au bout d'une quinzaine de jours, la réalité devenant incontournable, l'ouragan se déchaîne. Il prend des formes variables selon l'âge de l'aîné. S'il est tout petit, douze à dix-huit mois, il va se cramponner à sa mère à pleins bras.

Entre dix-huit mois et trois ans, l'agressivité s'exprime brutalement, souvent en paroles : « Maman, on le jette à la poubelle ? », « Si je lui démontais la tête ! », « On peut la donner à tante Berthe, elle me l'a demandée », et autres gracieusetés qu'il m'a été donné d'entendre. Mais l'agressivité s'exprime aussi dans les actes qui, très subtilement, mêlent ses désirs à vos injonctions. « Je lui fais un bisou » : avec plaisir, ça permet de mordre ! « Fais-lui un câlin »... bien sûr, mais la main sera souvent lourde ! Et quand il lui apporte en cadeau son gros camion, attention, il peut sans hésiter le balancer avec vigueur au beau milieu du berceau !

S'il a quatre/cinq ans, il est assez grand pour savoir vraiment qu'on ne doit pas lui taper dessus, alors il s'y prend autrement. En se mettant au premier plan, en se faisant très captateur, en tentant de prendre le pouvoir sur le petit. Puisque tout le monde s'intéresse au bébé, l'aîné tente d'occuper le terrain. Soit en faisant du bruit, par exemple chez « son » pédiatre qui ne s'occupe plus de lui, soit en parlant très fort, soit en s'interposant entre le bébé admiré et les adultes admirateurs. Très subtilement, la grande fille joue à la « petite maman ». Double intérêt : en regardant le bébé, personne ne peut ne pas la voir puisqu'il est dans ses bras ; et encore plus fort, si de sœur on devient « maman », alors la mère reste exclusivement celle de l'aînée, elle n'est plus à partager.

Encore une fois, soyez clairs, l'un et l'autre, sur qui est la mère et qui est le père pour éviter d'induire des rapports de domination. Pourquoi donneriez-vous autorité au grand sur le petit, et la responsabilité de lui montrer le chemin : « Tu es grand, c'est à toi de donner le bon exemple », quand c'est votre rôle ? C'est essentiel pour ne pas l'empêtrer dans son écheveau œdipien.

Soyons clairs

Il vaut donc mieux dire : « C'est mon mari et moi qui avons fait ce bébé », avec ces mots-là qui parlent clairement d'un couple d'adultes, plutôt que de dire : « Maman l'a fait avec papa », car les termes « parentaux » brouillent les positions, puisque l'aîné y a sa part.

Vers six/sept ans jusqu'à dix/onze ans, dans la période dite « de latence », lorsque les processus psychiques se sont apaisés, les choses se passent à peu près tranquillement, même si parfois de grandes questions s'expriment.

Enfin, à l'adolescence, où tous les enjeux positionnels sont réactivés, où toutes les problématiques psychologiques sont retravaillées, l'arrivée d'un bébé peut créer des combinaisons détonantes.

Bien entendu, à ces descriptions schématiques les problématiques individuelles donnent leur coloration particulière. Je pense notamment aux familles dites « recomposées », où les changements de « papa » ou de « maman » rendent les questions plus complexes. Je vous conseille à ce propos, plutôt que de dire demi-frère ou demi-sœur – « C'est quoi, cette moitié de bébé ? » – de préciser sans ambiguïté les relations. Mieux vaut dire « frère (ou sœur) par maman » (ou par papa) que dissimuler les faits, les travestir, ou les garder secrets.

Toutes ces précisions linguistiques peuvent vous paraître des chinoiseries, mais plus le langage est clair, moins cela sera difficile pour les enfants. Car dans l'histoire familiale, dont la mise en mots par les parents structure la psyché de l'enfant, votre travail ne consiste pas à « annihiler » les souffrances, mais à leur donner sens.

C'est pourquoi, au lieu d'envisager cette naissance comme un événement qui vous sidère et vous laisse interdits, choisissez le chemin de la transparence. Laissez à l'aîné toute latitude pour exprimer verbalement l'ensemble de ses impressions, de ses désirs, voire de ses fantasmes destructeurs, sans lui faire de remontrances sur cette détestation bien compréhensible.

Si vous êtes heurtés par la violence de son expression verbale, plutôt que de lui dire : « Tu es méchant, je ne t'aime plus, tu n'es plus mon bébé », ce qui le renforce dans les croyances qui le terrorisent, dites-lui plutôt : « Je ne t'en veux pas, si j'étais à ta place, je penserais sans doute la même chose ou même pire. »

Autorisez-le à penser – et à dire – tout son désarroi sans le juger, sans exiger de lui qu'il apprécie. Invitez l'entourage à lui épargner les phrases du genre : « Il est beau, ton petit frère, tu l'aimes, hein ! », ce qui le met dans un coupable malaise, car dans l'immédiat il aurait plutôt tendance à le haïr. Mais ce n'est pas parce qu'il a quelque raison de détester le nouveau-né qu'il faut laisser les confusions s'opérer. Ajoutez donc en substance : « À ta place, je penserais comme toi, mais je ne suis pas à ta place, je suis la mère de cet enfant nouveau et je l'aime, puisque c'est mon enfant, comme je t'aime, toi, qui es mon enfant. Je te défends contre quiconque te voudrait du mal, tu le sais bien. Et ce nouveau-né, je le défends aussi contre tout agresseur, fût-ce toi ! Tu as le droit d'en penser pis que pendre, d'en dire ce que tu veux, cela ne me fait pas de mal, c'est ta vie, tu es libre dans tes sentiments. Mais je t'interdis de passer à l'acte, car j'interdis que quiconque fasse du mal à mes enfants, toujours et en toute circonstance. Tu n'arriveras jamais à m'empêcher de l'aimer, sache-le. Mais entre vous, débrouillez-vous ! »

En laissant ainsi le champ libre à sa parole, en le rassurant sur la perennité de votre amour et de votre protection parentale, vous lui retirez du pied une sérieuse épine, et à vous aussi ! Du coup, vous vous sentez à nouveau autorisés, dans votre rôle de parent, à lui interdire, même dans les situations douloureuses, de franchir les frontières civilisantes : « Tu peux penser ce que tu veux, tu peux dire ce que tu penses, tu ne peux pas faire tout ce que tu veux. Ainsi, tu restes dans la communauté des humains. Et c'est moi qui t'en donne la Loi. »

N'exercez pas de pression sur vos enfants pour qu'ils s'aiment. Le rôle des parents n'est pas de faire en sorte que leurs enfants s'aiment entre eux, mais de faire qu'ils sachent que les parents les autorisent à être eux-mêmes. Organisez donc les rapports verticaux parent/enfant en assurant à chacun la totalité de votre amour et de votre protection ; mais laissez-les organiser leurs rapports horizontaux enfant/enfant sans vous y sentir impliqués. Le seul point sur lequel il faut être intraitable, c'est le respect du petit. En enseignant ce respect à l'aîné, vous le confortez dans le respect que vous lui avez toujours témoigné et vous renforcez cette valeur essentielle, le respect de l'Autre.

En arrière toute !

Si, en pratique, le grand régresse, c'est pour deux raisons essentielles. La première, est sa perplexité à propos de ce qui lui est demandé, sur ce que ses parents attendent de lui. Depuis qu'il est né, on se félicite – et on le félicite – à chaque étape qu'il franchit pour grandir. Il sourit... Bravo ! Il dort... Bravo ! Il s'assied ! il marche ! il parle ! il est « propre » ! il va à l'école... Bravo ! Et voilà que, tout d'un coup, on s'extasie sur un enfant dont la principale caractéristique semble à l'aînée d'être petit et incapable. « Alors qu'est-ce qu'on veut de moi, que je sois grand ou que je sois petit ? » D'ailleurs, parfois l'aîné pose la question clairement : « Moi, je suis un bébé, hein, maman ! »

Même si ce n'est pas une raison pour l'écraser d'un brutal : « Tu n'es plus un bébé tout de même ! », c'est le moment de préciser que les deux statuts – être grand, être petit – sont aussi valables l'un que l'autre. Que ce n'est donc pas la peine de s'arrêter de grandir, ce que son père va lui signifier en organisant avec lui des activités de grands. Promenade à vélo, ciné-MacDo, visite au zoo, ces excursions avec le père « socialisateur » le confortent dans sa compréhension des positions familiales et sociales. Tandis que la maman, par le soin du petit, apprend à celui-ci et rappelle au grand toute la valeur de la familialité.

Bien sûr, ces principes ne doivent pas être appliqués de façon théorique et intransigeante.

C'est par leur fonction symbolique qu'ils valent, non dans leur formalisme. Il n'y a vraiment aucun mal à ce que la maman sorte avec son grand pendant que le papa reste à pouponner !

L'aîné peut régresser pour une deuxième raison : face à un obstacle qui se dresse devant lui, comme tout le monde, il recule pour mieux sauter. Revenant en arrière, vers les situations psychiques qu'il maîtrise, plutôt que de rester sur le terrain mouvant de la nouveauté, il reprend appui sur un socle ferme afin de prendre son élan pour aller de l'avant.

Alors bien sûr, il demande à nouveau des couches, des biberons, il reprend le pouce qu'il avait abandonné, il réclame qu'on lui donne la becquée à la cuiller, qu'on lui mouline sa viande qu'il déchiquetait jusque-là à pleines dents, il refait pipi ou caca dans sa culotte, il se met à bégayer : décidément, ça coince. Si c'est trop difficile, il exprime son malaise par son « symptôme » habituel : troubles du sommeil, pipi au lit, problèmes alimentaires, tous ces modes d'expression vont s'accentuer ou même réapparaître s'ils avaient disparu. Ce n'est nullement pour « se venger » de vous, pour vous « punir », c'est simplement pour dire que c'est douloureux, difficile, indigeste. Reconnaître ces signes comme une parole valide, là aussi, fera progresser tout le monde hors d'une logique de bataille.

Évidemment, vous allez faire en sorte de le réconforter, de ne pas lui infliger brutalement un désintérêt, et encore moins une agressivité incontrôlée. « Je ne le reconnais plus, il est devenu odieux », me disait une maman désemparée. C'est un être humain qui aime et qui souffre. Ne le mésestimons pas pour autant. Ce n'est ni « la petite fille modèle », ni « le bon petit diable ». Consolez-le, cet enfant que vous aimez plus que tout, plutôt que de vous convaincre de son intime « scélératesse ». C'est le moment ou jamais de lui assurer qu'il peut compter sur le soutien de ses parents.

À chacun son privilège

Cependant, s'occuper du plus grand ne signifie pas délaisser le nouveau-né. Car cela entraînerait deux conséquences : le petit ne recevrait pas de vous l'intégralité du don dont il a besoin ; les deux pourraient comprendre que vous pouvez éventuellement abandonner votre enfant.

Alors gardez pour le grand des plages de temps qui lui seront réservées. Mais gardez aussi pour le petit des moments exclusifs où le grand est effectivement hors jeu. Ce n'est pas au moment de la tétée que le grand va venir s'installer sur vos genoux avec son gros « dictionnaire des animaux » pour que vous le lui racontiez ! « Ce sera pour plus tard. Pour l'instant, je m'occupe du petit ! » De fait, le petit prend sa place, toute sa place ; il faut savoir se serrer un peu. C'est frustrant mais constructeur.

Chacun a droit à sa place complète, on ne doit pas empiéter sur celle-ci. Effectivement, vous n'aurez pas autant de temps à consacrer au deuxième qu'au premier, mais là n'est pas la question. Il s'agit de préserver des moments spécifiques pour chacun en respectant des moments de vie commune, bien sûr.

Entre les deux enfants existe une relation personnelle, directe, sans que vous y soyez engagés. Même si l'aîné triture le nez du bébé sans ménagement, celui-ci le regarde avec extase – et prudence peut-être – et lui renvoie donc de l'amour qui « console » aussi le grand.

Ne poussez pas le grand à vous « aider » pour qu'il se sente concerné. Après tout, ce n'est pas à lui de s'occuper du petit, ce n'est pas son rôle, c'est le vôtre. S'il veut le faire, ne le lui interdisez pas sous prétexte qu'il va le casser. Le bébé n'est pas fragile, nous l'avons vu.

Ne comparez pas trop le petit au(x) grand(s). Bien sûr, on ne peut pas s'en empêcher, c'est la seule référence que l'on ait. Mais chacun étant chaque un, ils n'ont nulle raison d'être semblables ni en sexe, ni en taille, ni en poids, ni en rythme, ni en appétit, ni en caractère. Bien sûr, quand on a eu un premier très calme et excellent dormeur, et que le deuxième n'y arrive pas tout de suite, c'est plus dur que l'inverse. Mais c'est ainsi ! Autant le premier, très investi par ses parents, avance souvent dans les traces qu'on lui a dessinées, autant le deuxième, pour s'affirmer, va être obligé d'utiliser les chemins de traverse que l'aîné a laissés libres.

Si le premier vous a « déçus » sur certains points – il dort mal, il mange peu – le deuxième se précipite dans la brèche ouverte et se fait gros dormeur ou bon mangeur, s'assurant ainsi d'être à vos yeux seul enfant dans ce genre.

Les comparer pour savoir lequel est le meilleur est donc inopportun, comme de vous comparer, vous « deuxième maman », à la « première maman » que vous avez été. Bien entendu, vous n'êtes pas la même. Ne culpabilisez pas parce que votre deuxième grossesse s'est passée « trop vite », vous étiez tellement occupée ailleurs. Bien sûr vous êtes moins centrée sur le deuxième que vous ne l'étiez sur le premier, mais c'est peut-être une chance. Il sera moins l'objet de votre totale attention, il lui restera plus d'espace de liberté ! Chacun son privilège. Et puis, au moins quand il naît, toutes ces tâches pratiques qui vous semblaient auparavant si difficiles parce que vous ne les aviez jamais faites, vous les savez maintenant anodines et simples.

Vous avez devant vous votre aîné. Il est la preuve vivante que vous êtes capable de faire vivre votre petit, parfaitement apte à être la mère valable d'un enfant vivant. C'est un changement fondamental qui vous donne la possibilité d'affronter cette nouvelle tempête familiale. Car, effectivement, l'arrivée du deuxième enfant est, de manière différente, une tornade aussi forte que la naissance du premier !

Quatrième partie

Façons de parler

1

Les langages du nouveau-né

À regarder vivre les bébés, je suis arrivé à la certitude qu'il existe un langage-bébé, compréhensible, pour peu qu'on admette que le nouveau-né est un être humain, donc un être de langage. D'ailleurs, il me semble que les adultes ont fort bien su s'emparer des premiers « mots bébés » pour leur attribuer du sens.

Le langage parlé, tel que nous le connaissons, fruit d'une lente maturation, est apparu il y a des dizaines de milliers d'années, en même temps que les techniques de l'agriculture et de l'élevage qui nécessitèrent, pour leur élaboration complexe et pour leur transmission, une mise en mots qu'il fallut bien créer.

Les sons des langues furent empruntés par les hommes aux bruits de la nature sauvage qui les entourait : sifflement du vent, écoulement des eaux, bruissement des feuilles, crissement des insectes, cri des animaux. L'environnement, différent selon les régions, contribue à moduler les langues dans leurs spécificités.

Pourtant, il existe deux mots communs à toutes les langues de la terre, deux mots qui ont même sens et quasiment même articulation sur tous les continents. Ces deux mots, pour qu'ils fussent universels, devaient avoir été cueillis à la même source, celle des premiers « mots » prononcés par le petit animal homme, fait pour parler avant même tout apprentissage. Le bébé humain, en tous temps et en tous lieux, commence par ce qui lui est le plus simple : une voyelle pour laquelle il suffit d'ouvrir grand la bouche, le A. Pour les consonnes, il a le choix entre celles qui mettent en jeu les deux lèvres – consonnes dites bilabiales – qui sont le « me », le « be », le « pe », et celles qui mettent en jeu la langue qui vient s'appuyer sur les dents du haut – consonnes dites linguo-dentales – comme le « ne », le « de », et le « te ».

Vers huit, dix mois, le bébé humain se met ainsi à articuler des « ma », des « ba », des « pa », des « na », des « da » et des « ta ». Il les redouble, les multiplie, les répète, les psalmodie en les roulant avec bonheur dans sa bouche. Il ne leur attribue pas de sens particulier. Mais il n'en va pas de même pour ceux qui l'entourent, sa mère et son père. Depuis toujours et partout, ces parents passionnés de leur enfant ont conclu que leur bébé inventaient ces mots pour les appeler, pour les désigner, eux !

C'est pourquoi, dans toutes les langues du monde et depuis les origines, mères et pères se sont attribué cette première ébauche du langage des bébés, ce qui a abouti à ces deux mots universels : Mama et Papa. Maman se dit Mama en russe et en italien, en chinois et aussi chez les Indiens quetchua, Mam en anglais, Ma' en vietnamien, Mamma en arabe et Ima en hébreux. Papa se dit ainsi en français, en russe, en italien et en chinois, Pa' en vietnamien, Dad en anglais, ah'ba en arabe et aaba en hébreux, taïta en langue quetchua.

À force de voir ses parents accourir à ses « ma-ma-ma-ma », ses « da-da-da » et ses « pa-pa-pa », le bébé comprend vite qu'il suffit de les articuler pour les faire venir. Ses appels ont pris sens pour lui. Les premiers mots de sa langue sont nés. Les premiers mots des langues sont nés. Les langues ont trouvé dans la bouche des bébés le noyau de leur vocabulaire.

Au-delà de ce détour linguistique, revenons aux questions que se posent les parents, aux réflexions les plus fréquemment exprimées à la maternité et dans le cabinet du pédiatre. Sur le mode curieux : « Que comprend mon bébé ? Est-il capable de s'exprimer ? Et s'il s'exprime, comment ? » ou sur le mode découragé : « Mais ça ne peut pas comprendre, un bébé ! », « Il ne dit rien ! Comment voulez-vous que je le comprenne ? »

En partant de l'hypothèse qu'on ne peut pas se comprendre, on ne se parle pas, donc, on ne se comprend pas, ce qui semble valider l'hypothèse. Comme le dit Boris Cyrulnik, «il n'y a vraiment rien de pire qu'une certitude pour arrêter la pensée». Alors partons de l'hypothèse inverse, et voyons où elle nous conduit.

Posons que tous les échanges sont possibles, que l'enfant, dès sa naissance, est un être de langage, comme vous et moi. À partir de là, essayons de trouver les voies pour nous comprendre les uns les autres. Il va falloir faire sauter deux verrous solides : la certitude que la seule façon de s'exprimer serait le verbe ; la conviction que le bébé ne pourrait pas comprendre notre langage puisque nous ne comprenons pas le sien. Après quoi il deviendra possible d'échanger du sens, de se parler quel qu'en soit le moyen.

En parlant à votre bébé, vous lui donnez l'assurance que vous le considérez comme assez humain, assez valeureux, pour être digne de recevoir votre parole. Inversement, en ne lui parlant pas, on ne se contenterait pas de lui signifier du rien, contrairement à ce que beaucoup imaginent. On l'autoriserait à penser qu'on le considère indigne de nos messages. Alors qu'on croit être en échange nul, on est en transmission négative. À partir du moment où l'on a admis que tout est langage, où l'on se sait en échange continu avec le bébé, on peut se mettre, comme avec tous les autres humains, en situation d'échange actif de sens.

Décoder ses messages

Jusqu'aux années soixante, on entendait souvent dire que les enfants ne devenaient intéressants qu'à partir de trois ans, quand ils commençaient à parler. De nombreux pères ne se penchaient sur leur rejeton qu'à partir de ce moment-là, quand déjà il n'était plus un bébé mais un enfant ayant acquis la pratique du langage parlé et une individualité psychique certaine, l'une n'allant pas sans l'autre. La corrélation était solidement établie entre « il ne parle pas mon langage » et « il ne comprend pas mon langage », entre « il ne parle pas mon langage » et « il ne dit rien » et enfin entre « il ne parle pas » et « il ne pense pas ». Il a fallu attendre les dernières décennies du deuxième millénaire pour que soit admis enfin que le bébé pense. D'où venait alors qu'on lui attribuât néanmoins quelques pensées, toujours mauvaises d'ailleurs ? Comment pouvait-on à la fois lui dénier l'aptitude à penser et lui prêter tant de vilaines intentions ?

Même s'il semble bien qu'au début, le nouveau-né soit inapte à élaborer une réflexion, cela ne signifie pas qu'il soit incapable d'avoir des idées personnelles sur ce qu'il veut ou ne veut pas, sur ce qui lui est agréable ou désagréable, bon ou mauvais, plaisant ou déplaisant, nécessaire ou inutile, indifférent ou pénible. Non seulement il en a, mais il est parfaitement capable de nous les faire connaître. À tout instant, il nous dit quelque chose. Il suffit d'une intelligence aimante pour savoir que cet enfant s'exprime dans une langue qui, pour étrange qu'elle soit, n'en est pas pour autant dénuée de sens. Le code n'est pas clair d'emblée. C'est normal que vous ne le compreniez pas ; ce n'est ni le fait de votre incompétence, ni le fait de son incapacité. Personne ne le comprend au préalable. Seul ce bébé-là qui utilise ce langage-là en connaît la signification. Lui seul peut vous l'enseigner, comme on enseigne une langue étrangère.

Je ne le connais pas plus que vous, le langage de votre bébé. Chacun a le sien. Mes deux enfants, âgés de quelques jours, ne s'exprimaient pas de façon identique, mais tous les deux disaient des choses « vraies ». Il n'y a pas de mode d'emploi universel. Votre bébé vous fournira petit à petit les clés qui vous aideront à décoder son message. Vous allez passer les premiers jours, les premières semaines, les premiers mois à essayer de décrypter son langage, comme Champollion le fit de la pierre de Rosette. À condition d'échanger la certitude que « ça n'a pas de sens » contre la conviction que « ça a du sens ».

Les bébés sont intelligents et, comme nous, ils s'expriment en utilisant les moyens dont ils disposent et les arguments les plus convaincants. Jamais votre bébé ne cherche à vous faire céder mais seulement à se faire aider par vous. Alors aidez-le. Entre gens qui s'aiment, on ne cède pas, on s'aide.

Lorsque quelque chose le gêne, il n'est pas apte à s'en débrouiller tout seul. S'il a faim, il n'est pas capable de se lever et d'aller au réfrigérateur se chercher un petit casse-croûte. Il a besoin, sans avoir à se demander si ça vous ennuie ou pas, que vous le fassiez pour lui. En revanche, si vous refusiez de l'aider – non pas parce que vous ne le pouvez pas mais parce que vous ne le voulez pas –, si vous engagiez une épreuve de force qui ne l'intéresse pas, alors vous seriez contraint à un moment ou à un autre soit à céder, soit à attendre qu'il cède. Si vous « cédez », vous avez perdu ! Si c'est lui qui « cède », vous croyez avoir gagné, mais vous avez perdu encore, car voir son bébé perdre, c'est perdre soi-même. Dans les deux cas, vous seriez perdants, et lui aussi.

S'il est incapable d'éliminer seul la totalité des désagréments qui se présentent à lui, il n'est pas incapable de les reconnaître. Il est, en revanche, incapable de différer son appel. Il crie dès que la moindre chose l'extrait de son bien-être béat. Parce qu'il a faim ou soif, parce qu'il a sommeil, parce qu'il a trop chaud, parce qu'il a besoin de câlins, parce qu'il est mal dans sa peau, parce que ça sent mauvais – la fumée, par exemple –, parce qu'il a envie de faire pipi ou qu'un orteil le gratte, que la raison soit « sérieuse » ou « anodine », il crie. Il vous appelle pour que ça cesse.

Incapable de prendre sur lui pour ne pas déranger, contrairement à vous qui n'ameutez pas la population parce que vous avez soif ou parce que vous avez raté un train, il ne sait pas, il ne peut pas dissimuler ses désagréments. Il en parle de façon immédiate, sans recul. Il ne cessera pas de vous « importuner » tant que ça n'aura pas cessé.

C'est d'ailleurs parce qu'on refusait de prendre en considération le langage du bébé et de l'enfant qu'on a si longtemps négligé de traiter la douleur du petit qui, disaient certains, n'en avait pas conscience. Heureusement, depuis quelques années, depuis que ses cris ne sont plus systématiquement catalogués aux rangs des caprices ou de la comédie, on a admis l'existence de la douleur chez le bébé et on la prend en compte pour la soulager. On sait aussi que des cris francs expriment plutôt un mal-être ou des douleurs d'intensité moyenne, les douleurs sévères – très rares heureusement – se manifestant plutôt par la prostration.

Une fois ce fonctionnement compris, on saura deux choses essentielles pour bien vivre avec son enfant nouveau-né.

S'il se tait, c'est que rien ne le dérange. Il passe ainsi presque tout son temps à vous informer, par son silence, que sa vie est parfaite. Quand il se tait, ce n'est pas par gentillesse, de même que ce n'est pas par méchanceté qu'il crie. Cessez de vous alarmer, de tourner autour du berceau en vous demandant s'il n'y a pas quelque chose qui ne va pas et qu'il ne dit pas. Il ne sait pas ne pas dire.

S'il crie, de son cri d'appel, ne croyez pas qu'il pleure. « Les bébés pleurent sans larmes », dit-on. Non, justement, à ces moments-là, ils ne pleurent pas. Dès qu'une gêne survient, votre bébé vous en fait part. Le problème est alors de comprendre ce qu'il veut. C'est d'une simplicité... enfantine, car peu importe que vous le compreniez, lui se comprend. Et il va vous guider, si vous acceptez de le suivre. Fiez-vous à lui qui, par sa réaction à votre réponse, vous dira si celle-ci est juste.

C'est ce que j'appelle le langage expérimental. Il crie. Vous proposez une réponse. S'il cesse de crier, c'est que son désagrément a cessé, la réponse est adaptée. S'il continue à crier, c'est que le désagrément persiste : la réponse n'est pas correcte. Ne vous vexez pas, acceptez son refus et faites une autre proposition. Elle sera adéquate et il cessera de crier, ou elle sera inadéquate et il continuera jusqu'à ce que vous ayez fourni la bonne réponse. Quand la clé est la bonne, le cri cesse. Sa réaction à vos réponses vous permet *a posteriori* de déchiffrer quelle était sa demande. Vous allez vous rendre compte que c'est toujours la même réponse qui calme le même type de cri. Vous aurez appris à comprendre la première demande, la première question de votre bébé. Vous aurez appris la première phrase de l'« Assimil-bébé ».

Car si son appel se fait toujours par un cri, ce cri n'est pas articulé toujours de la même façon. Après avoir reconnu la prononciation de sa phrase la plus fréquente – le « j'ai faim » – vous déchiffrerez les autres, le cri du « j'ai sommeil », le cri du « j'ai besoin de tes bras », etc. Plus une demande sera fréquente, plus vite vous la reconnaîtrez. Évidemment, les plaintes qu'il ne formulera que rarement, vous ne les comprendrez pas facilement. Mais au bout d'une centaine de jours, même si vous ne lisez pas le bébé dans le texte et si vous ne le parlez pas couramment, vous en connaîtrez suffisamment les rudiments pour discuter avec lui sans difficulté majeure, sans retenue.

Une grande partie de ses plaintes ne concernent pas le corps de votre bébé – celles-ci sont admises même si elles sont absconses – mais l'âme. Or elles sont souvent récusées même si elles sont claires. N'y soyez pas indifférents, même si on vous y encourage. Si vous ne comprenez pas l'origine de ses cris mais que vos câlins l'apaisent, n'en concluez pas qu'il vous fait marcher. Il a compris que vous lui disiez : « Je ne sais pas ce qui fait ton malheur, mais tu peux compter sur mon soutien. Je suis de tout cœur avec toi. » Message salutaire, structurant, vital pour lui.

Si vous vous en détourniez dans ces moments-là, vous rajouteriez à ses difficultés un sentiment d'abandon qui le ferait souffrir, et donc crier, davantage. À certains moments, en particulier dans le deuxième et le troisième mois, il peut crier de façon « incompréhensible » et quasi continue pendant des heures le soir, qu'on le prenne ou pas dans ses bras, exprimant un lancinant : « Allo, maman, bobo ! » Malaise existentiel, sentiment d'être perdu. C'est le moment où il a le plus besoin de votre soutien, même si en apparence celui-ci semble n'y rien changer.

Lorsque vous n'en pouvez plus, lorsque vous avez l'impression que si ses cris durent cinq minutes de plus, vous allez le jeter par la fenêtre ou vous y précipiter vous-même, autorisez-vous à faire une pause. Faites le « bébé buissonnière ». Expliquez-le-lui, dites-lui que vous avez besoin d'un moment sans lui, que vous ne pouvez pas en faire davantage : être claire sera bon pour vous deux. Ne lui dites que ce que vous aimeriez entendre de votre compagnon dans de telles circonstances.

Tels sont les deux modes essentiels d'expression du nouveau-né : le silence qui affirme « tout va bien », le cri, modulé en fonction de la gêne, qui dit « quelque chose ne va pas ».

Écouter son corps

Le bébé a bien d'autres modes d'expression... Regardez son corps, vous décèlerez dans sa gestuelle bon nombre de manifestations de plaisir, de détente, de déplaisir, de tension. Une main qui s'ouvre, s'élève et s'épanouit ne dit pas la même chose qu'un petit poing serré qui se dresse.

C'est surtout sur son visage qu'on peut lire l'infinie richesse émotionnelle du nourrisson. Qu'il soit endormi ou éveillé, son visage parle avec précision. Ainsi le sourire « aux anges » du premier mois ; sourire qui ne nous est pas destiné, sourire de béatitude intérieure qui deviendra dans le deuxième mois un sourire-échange.

Avant ce sourire actif, vous aurez remarqué, même lorsqu'il dort, des froncements de sourcils, des grognements, des plissements de paupières, une moue de dépit, autant de mimiques que nous ne comprenons pas toujours, mais par lesquelles il parle.

Tout est langage chez un humain, qu'il soit adulte, enfant ou bébé. Et lorsqu'il ne trouve pas dans ses langages – oral, gestuel ou mimique – de quoi exprimer des affects trop complexes, il se sert d'un autre langage, celui de son corps. Lorsqu'il ne peut pas expliquer ses difficultés, il lui arrive d'emprunter son vocabulaire au dictionnaire des maladies. Cela peut se traduire par des troubles du sommeil, de l'alimentation (anorexie ou boulimie, vomissements), par des symptômes cutanés (boutons, éruption, eczéma), par des symptômes respiratoires (spasme bronchique) et même par de la fièvre !

Attention ! Ces troubles sont le plus souvent symptomatiques de maladies physiques. Il serait aberrant devant un enfant qui a 39 °C, qui vomit et crie de douleur, d'émettre en premier lieu l'hypothèse du trouble psychosomatique. Par l'examen physique complet – éventuellement élargi aux examens complémentaires, surtout chez le bébé de moins de trois mois –, le médecin recherche, avant toute chose, une pathologie organique qu'il s'agira de traiter.

En revanche, si la démarche diagnostique convenablement conduite ne décèle aucune pathologie physique ; si la symptomatologie semble ne correspondre à aucune maladie connue, si le trouble se reproduit toujours avec les mêmes manifestations dans des circonstances analogues ; si, de plus, les tentatives thérapeutiques – médicamenteuses – n'ont pas donné la réponse attendue, il est temps de se poser la question autrement en se demandant s'il ne s'agit pas de la formulation physique d'un désordre moral ou psychique. Le plus souvent le bébé exprime un simple malaise de l'âme plutôt qu'une réelle pathologie du psychisme.

Alors que j'étais jeune pédiatre des tout-petits, j'ai connu à la maternité le petit Guillaume et sa maman, en excellente santé tous les deux. Ils étaient repartis pour leur lointain domicile, en Île-de-France, où Guillaume fut suivi par le pédiatre du lieu, sans aucun problème particulier. Trois mois plus tard, la maman me téléphonait. Guillaume vomissait depuis quatre semaines, malgré plusieurs tentatives thérapeutiques habituellement efficaces. Devant cette situation, son pédiatre avait très logiquement demandé qu'un bilan soit effectué. Angoissée par l'approche de ces examens un peu désagréables, la maman me demandait conseil, se souvenant de notre premier contact. Je lui proposai de venir me montrer Guillaume, bien incapable que j'étais de porter un diagnostic par téléphone. J'eus devant moi une maman décomposée et un bébé tout rose, gai, « bien floride », comme nous disons. Après un interrogatoire détaillé, l'examen fut fait de fond en comble. Résultat parfait. Aucune discordance avec l'examen du médecin-traitant, ni avec ses conclusions. Alors que la consultation allait prendre fin, il me vint un doute : cet enfant vomissait, mais, puisque sa croissance était parfaite, que l'examen ne révélait aucune anomalie et qu'aucun médicament ne semblait efficace, il fallait peut-être chercher la réponse ailleurs que dans l'organique. À mes questions sur les soucis éventuellement survenus dans la famille un mois plus tôt, la maman me parla de son mari qui avait eu de grosses difficultés dans son entreprise... « Et c'est aussi à cette époque-là qu'on lui a découvert un ulcère de l'estomac... ou plus exactement, deux ulcères. »

Pris d'une inspiration soudaine façon Dolto – *vomissements = estomac* –, je demandai à la maman si quelqu'un avait mis Guillaume au courant. « Au courant ? Guillaume ! Mais de quoi ? Et comment voulez-vous ? » Malgré son air ébahi et la franche impression qu'elle me prenait pour un doux dingue, je lui conseillai de rentrer chez elle et de se donner quelques jours pour expliquer à son fils de trois mois que c'était son papa qui avait mal à l'estomac et non lui-même, que c'était son papa qui devait prendre des médicaments et que ce n'était donc pas la peine qu'il vomisse, lui. Qu'elle suspende momentanément les médicaments, de toute façon inefficaces, et qu'elle décale d'une semaine le rendez-vous pour les examens.

J'étais certain de ne prendre aucun risque, puisque Guillaume poussait fort bien. Au pire continuerait-il à vomir. En revanche, j'étais loin d'être aussi sûr de mon diagnostic. Je le précisai à la maman et lui demandai de me téléphoner après une semaine. Je me souviendrai toute ma vie de son regard éberlué quand elle me quitta. Je n'en menais pas large.

Trois jours après, la maman m'appela et me dit d'une voix blanche: «Nous lui avons... euh... parlé, comme vous dites, mon mari et moi. Et depuis, il ne vomit plus du tout, sans aucun traitement. Je ne peux pas y croire!» Un mois plus tard, Guillaume n'avait toujours pas vomi.

Par ses vomissements, il avait parlé de ses inquiétudes indicibles pour la santé de son père, puis il avait entendu et compris les explications verbales de ses parents. N'ayant jamais été malade, il pouvait se permettre alors d'être «guéri». Il avait été «malade» qu'on ne lui ait rien dit clairement.

2

Parler à son bébé

« Il n'est jamais trop tôt pour parler à un être humain, c'est un être de parole, jamais trop tôt pour parler vrai. »

Françoise Dolto

« Alors, comme ça, docteur, vous croyez qu'ils comprennent quand on leur parle, les bébés ? » Je le crois, puisqu'ils me l'ont dit ! Certes, il n'a pas encore été démontré scientifiquement que les nouveau-nés comprennent quand on leur parle. Mais il a fallu attendre les années quatre-vingt pour démontrer que les bébés voyaient. Jusque-là étaient-ils aveugles ?

Outre les observations de la clinique psychanalytique, les arguments sont de plus en plus nombreux pour indiquer que le nouveau-né est apte à saisir sa langue maternelle, même s'il est totalement inapte à la parler.

Il est aujourd'hui avéré que, bien avant sa naissance, l'enfant entend la voix de sa mère. Il perçoit ses paroles, distingue les mots et élabore ainsi son dictionnaire de langue maternelle. Une fois dehors, il poursuit son apprentissage, en ayant désormais la possibilité de mettre des objets réels, des référents en rapport avec les mots.

Le langage de sa mère, dans lequel il baigne durant toute sa vie aquatique, il le perçoit autant avec sa peau qu'avec ses oreilles. Les paroles maternelles ne lui sont pas seulement audibles, elles sont pour lui des objets sensoriels qui le touchent, qui sont palpables. Lorsque sa mère se met à parler une langue qui n'est pas celle qu'elle utilise habituellement, une langue étrangère par exemple, le fœtus, puis le bébé, est immédiatement en alerte, tout surpris.

Il ne se passe pas la même chose avec son père. Sa voix grave ne lui parvient que de l'extérieur, assourdie par la paroi et très brouillée par les bruits du ventre, dont elle se distingue à peine. C'est pourquoi il est justifié de parler de langue maternelle, plutôt que de langue parentale.

Quand il naît, vous pouvez donc lui parler tout naturellement. Ce qui ne serait pas naturel, c'est de ne pas lui parler. Et si le couple est bilingue, que chacun lui parle dans sa propre langue, il s'y retrouvera parfaitement ! Il ne s'agit pas seulement de faire du bruit avec votre voix, mais d'articuler des paroles qui ont un sens. Votre enfant est sensible aux moindres nuances de vos propos, qu'il accueille au premier degré, comme absolue vérité.

Ne dites pas « ce n'est rien » quand « c'est peu de chose ». Ne dites pas « c'est fini » quand c'est seulement « bientôt fini ». Vous ne seriez plus crédible. Ne dites jamais « je ne t'aime plus », ce serait une catastrophe qu'il ne peut relativiser.

Il est très inquiétant pour un enfant que les choses de sa vie ne lui soient pas explicitées avec justesse par ses parents. Ne comptez pas sur les conversations tenues en sa présence. C'est de vous qu'il doit apprendre toutes les choses de sa vie. Celles de son histoire ancienne, car il a besoin de se situer dans son arbre généalogique, comme celles de son actualité. Aussi, s'il doit affronter quelque situation désagréable – par exemple aller chez le médecin pour une piqûre –, prévenez-le avec des vrais mots au lieu de le lui cacher. Il pourra vous croire ensuite, quand vous lui annoncerez que rien de grave ne se prépare.

Mettez aussi en mots la séparation à venir ; qu'elle soit de courte durée – « je vais prendre ma douche » –, ou de longue durée – « je pars travailler pour la journée ». À partir du moment où les choses doivent changer dans sa vie, il est logique qu'il en soit prévenu. Cela n'implique pas nécessairement qu'il soit d'accord. Il pourra exprimer son désaccord, sa colère ou sa tristesse, mais en sachant de quoi il parle, et pourquoi ces choses lui arrivent.

Si vous partez pour la journée en confiant votre bébé à sa grand-mère, à une amie ou à sa nourrice, dites-lui que vous le quittez pour un moment et que vous reviendrez à telle heure. Soyez bien claire sur le « au revoir » qui lui affirme qu'il peut avoir la certitude de vous revoir. Même si votre départ provoque ses cris, mieux vaut qu'il soit prévenu, plutôt que de découvrir votre absence. Les bébés dont les parents apparaissent et disparaissent sans prévenir, comme par magie, ont vite l'impression de vivre avec des parents « passe-muraille ». Ils ne peuvent jamais avoir la certitude, si sécurisante, de vivre sur un socle stable.

Racontez-lui, expliquez-lui sa vie. Telle qu'elle est, même si parfois cela peut faire mal. C'est toujours moins dur d'entendre une réalité pénible que de la sentir camouflée. Car immédiatement il flaire le piège. Lorsque vous dites blanc alors que vous pensez noir, votre enfant entend gris, et il sait tout de suite qu'il y a anguille sous roche.

Le bébé est un radar à appréhender le non-dit. Ce non-dit le trouble d'autant plus fort et d'autant plus longtemps qu'il recouvre quelque chose d'important. Le non-dit est un toxique qui empoisonne la vie psychique aussi longtemps que demeure le secret.

Cela ne veut pas dire que votre bébé doive tout savoir de votre intimité. Préservez-la. Préservez-le. Mais il a besoin que vous lui exposiez vous-mêmes les événements de sa vie. S'il y a quelque chose dont vous pensez lui parler « quand il aura vingt ans », dites-le lui à deux ans, à deux mois, à deux jours ; il n'y a pas d'âge pour entendre, pour comprendre. Sachez que tout le temps qui aura précédé la parole-vérité aura été celui de l'incertitude. Son organisation psychique se sera établie sur une base incertaine, inquiétante. Parlez-lui dès le début un langage de vérité, c'est celui qui éclaire sa route.

Mais si vous avez envie de gâtifier, de bétifier, de babiller, de roucouler, de lui gazouiller des mots d'amour un peu benêts, d'une voix qui se perd dans les aigus, n'hésitez pas, c'est permis ! Ce n'est pas parce que votre bébé est apte à comprendre qu'il ne faut lui parler que grammaire et mathématiques.

3

Les mots qui font mal

Depuis longtemps, j'écoute le langage utilisé au quotidien par les adultes pour parler des bébés ou pour parler aux bébés, et je m'interroge : qu'est-ce qui passe, qu'est-ce qui se transmet par ces mots-là ?

Cette espèce de travail lexicologique m'a permis de découvrir que les lieux communs, les expressions familières ressassées de génération en génération, les « mots anodins » véhiculaient essentiellement du négatif. En vingt ans de pratique pédiatrique et d'écoute des parents, des grands-parents, des médecins, etc., il ne m'a été donné d'entendre que des phrases déqualifiantes, des expressions dévalorisantes, des mots porteurs de discrédit et de déconsidération. Bien sûr, personne, intentionnellement, ne veut être désobligeant ! Et pourtant...

Tout commence par ces adjectifs que j'entends chaque jour à la maternité et dans mon cabinet : il est « nerveux, capricieux, glouton, paresseux, comédien, malin ».

Nerveux, dit-on d'un bébé de quelques heures qui crie. On ne dit pas qu'il est énervé, pour le moment, on dit qu'il est nerveux, intrinsèquement. Avant même de chercher à savoir si quelque chose l'énerve, s'il a un besoin non satisfait, on lui colle une étiquette, et dans cinquante ans, sa mère lui ressassera peut-être : « Tu es toujours le même ! La sage-femme m'avait bien dit que tu étais nerveux ! »

Or, si un nouveau-né s'énerve, c'est que quelque chose l'indispose. Et si, par malheur pour lui, il se calme, heureux que sa mère l'ait pris dans ses bras, au lieu de s'en réjouir... on dira aussitôt qu'il est *capricieux*... En plus, elle l'y encourage, coupable elle aussi ! Capricieux, qu'est-ce que cela veut dire ? Qu'il demande quelque chose qu'il ne veut pas simplement pour le malicieux plaisir de vous faire marcher ? Votre mari vous rejette-t-il quand vous avez envie d'être dans ses bras simplement pour y être bien, en vous priant d'arrêter de lui faire des caprices et de tenter de cette façon de le « rendre esclave » ? Un bébé, c'est un être humain sain, qui exprime sans détour ses désirs, ses joies et ses peines.

Si, non content de le prendre dans vos bras, vous lui donnez à manger et qu'il mange alors qu'il sort du repas précédent, haro sur le *« glouton »* ! On vous conseille de faire « patienter » ce bébé sans patience qui hurle sa douleur d'avoir faim ! À l'inverse, s'il attend longtemps sans réclamer, ou s'il s'endort en mangeant, sans « vous finir son biberon » ? Au lieu de le laisser profiter benoîtement de ce moment de bien-être, terrorisé à l'idée qu'il « risque de sauter un repas », on va le houspiller : réveille-toi, *petit paresseux* !

Il refuserait, par paresse, de faire ce qu'il doit faire ! On sous-entend que le nouveau-né aurait des devoirs à remplir ? Mais il ne nous doit rien ; il n'a pas de dette envers nous. C'est nous qui avons des devoirs envers lui.

« Mais tout de même, parfois il est *comédien.* » Il jouerait donc la comédie pour vous donner une bonne image de lui ? Il faudrait qu'il ait une idée de ce que doit être un « bon » bébé... Or tous les nouveau-nés vivent une même vie primitive, sans place pour un quelconque bien et un quelconque mal. Seulement du bon à vivre et du mauvais à vivre. D'ailleurs, pour vous jouer la comédie, il lui faudrait savoir qu'il a une mère et que cette mère n'est pas lui. Il lui faudrait s'être reconnu et construit comme une individualité (du latin *indivis*, indivisible) hors sa mère, et avoir situé sa mère comme un autre individu, hors lui. Cela, nous l'avons vu, ne se fait pas avant la troisième année.

Auparavant, pour citer Henri Laborit, le bébé vit « des sensations agréables ou désagréables, en particulier celles de la satiété et de la faim, la plupart du temps liées à la mère qui assure la satisfaction de ses besoins, à son contact, à son odeur, au son de sa voix, sans qu'il sache encore qu'elle n'est pas lui ».

Et quand vous dites que votre bébé est *malin,* attention, ce mot ne désigne pas seulement l'astuce, la finesse, la sensibilité, l'intelligence, il signifie aussi la malice, la malignité, la diablerie. Certes, si je pose la question : « Pensez-vous réellement que le bébé est un être méchant ? », la réponse sera un « non » franc et massif. Mais si je demande ensuite : « Pensez-vous vraiment que le bébé n'est pas un être humain ? » ce sera un circonspect « Si... mais... ».

Le langage commun laisse entendre que le bébé peut être malintentionné, qu'il est dans une logique de prise de pouvoir avec ses parents qui s'y laisseraient prendre. N'est-ce pas ce qu'ils ont appris, dès leur berceau, lorsqu'ils étaient eux-mêmes bébés, à travers les mots de leur entourage ?

La conception des rapports parents-bébé, véhiculée insidieusement par ce vocabulaire, pourrait se résumer à : « Privez-le, privez-vous le plus vite possible du bonheur afin de le préparer à la dure réalité de la vie. » On transmet au tout-petit, par les termes même de l'inconscient collectif, et dans l'inconscience collective, qu'on ne peut pas lui faire confiance ; qu'on ne peut faire confiance ni à soi-même, ni aux autres. On lui inculque, mine de rien, que les rapports interhumains sont fondés sur la défiance puisqu'on se défie de celui qu'on aime le plus et qu'on aimera le plus. Et l'on voudrait que la société fondée sur un tel préalable soit douce aux humains qui ont à la bâtir ! « Si c'est un homme »... en niant la validité de son langage, ne lui dénie-t-on pas notre humanité commune ? Ne peut-on reconnaître dans ce déni et dans cette diabolisation le principe au nom duquel on écrase ou annihile des peuples en les rabaissant, en les traitant de « sous-hommes » ? Tous les exterminateurs de notre « siècle des totalitarismes », selon l'expression d'Hannah Arendt, comme ceux des siècles passés, ont ainsi dénié à l'autre son langage, son identité humaine.

Certes, je ne mets pas sur le même plan les visées totalitaristes et le regard des adultes sur les bébés, mais je vois en jeu les mêmes conceptions dénégatrices ; et, qui sait ?, l'un ouvre peut-être le chemin à l'autre.

Aussi, éliminons de notre vocabulaire les mots qui disent l'imperfection, la méchanceté, la perversité, le vice. Car ce que nous disons « pour de rire » peut être entendu « pour de vrai ». Puisque vous ne pensez pas « pour de vrai » que votre bébé est un monstre, ne le dites pas. Puisque vous ne pensez pas qu'il est diabolique, ne le qualifiez pas d'infernal, de malin, de diable.

Dites-lui ce que vous voulez : que vous ne le supportez plus, qu'il vous épuise, que vous en avez marre de lui, que vos rapports avec lui sont durs, dites ce que vous pourriez dire de votre mari, de votre mère, de vos amis. Mais ne réservez pas à vos enfants un langage diffamatoire, dévalorisant. D'ailleurs, ces adjectifs que nous utilisons à propos d'un bébé, les employons-nous pour un adulte ? Au lieu de nerveux, nous disons énervé, inquiet. Au lieu de capricieux nous disons décidé, convaincu. Au lieu de glouton : gourmand, bon vivant. Au lieu de paresseux : tranquille. Au lieu de malin : spirituel ou subtil, etc. Question de nuances, dira-t-on ? Non, car cela change tout !

Et cessons de nous demander si un bébé « ça » voit, si un bébé « ça » comprend, si un bébé « ça » parle. Des « ça » ne verraient pas, ne comprendraient pas, ne parleraient pas. Les bébés sont des « il » et des « elle », jamais des « ça » !

N'écoutez pas quand on vous dit : « Tu le gâtes. » A-t-on bien conscience que le mot gâter signifie : mettre une chose en mauvais état, détériorer en pourrissant. D'ailleurs, on va jusqu'à dire « tu le pourris » ! N'écoutez pas les Cassandre !

« Crier, ça fait les poumons », vous dira-t-on parfois. Comme s'il fallait s'entraîner chaque soir deux heures durant pour améliorer son fonctionnement respiratoire !

« Prendre dans les bras donne de mauvaises habitudes. » Quelle mauvaise habitude ? Celle de pouvoir compter sur ses parents quand on est malheureux ?

« Il te fait des caprices », entendrez-vous encore. Alors qu'il exprime un désir net, franc, pur, on lui répond par des refus, véritables caprices d'adulte : il va à coup sûr apprendre à en faire !

Car le bébé grandit dans la contemplation du « faire parental », sur lequel il se modèle. Il va en subir l'empreinte, s'en imprégner, en faire sa loi. Au-delà de ce que vous lui dites pour l'éduquer, de ce que vous croyez lui enseigner, c'est ce que vous faites, ce sont les mots que vous prononcez, c'est votre façon de vivre, c'est votre vie qui constitue dès ses premiers jours sa base éducative.

Si vous lui refusez sans raison ce qu'il demande, si « vous lui faites des caprices », il comprend que le caprice est la règle du jeu. Si vous ne le respectez pas dans ses besoins, vous organisez sa morale sur l'irrespect de l'autre. Si vous lui mentez, si vous lui parlez faux, sous prétexte qu'« il ne comprend rien », vous lui enseignez que le mensonge est la norme.

À force de se voir répondre par du « mauvais vouloir », il se mettra à demander non plus seulement quelque chose, il exigera du « don pour le don », du « bon vouloir ». Au contraire, si on satisfait son besoin au premier degré, il s'apaise. Il apprend que la loi, c'est le respect de l'autre, l'effort fait pour aider l'autre.

De cet enfant gêné, de cet enfant qui a mal, de cet enfant qui appelle à l'aide, ne laissez jamais dire, ne dites jamais qu'il est méchant. Le poète Fernand Gregh écrivait : « Il n'y a pas de méchants, il n'y a que des souffrants. » Cette parole s'applique également aux bébés...

Parlons avec nos bébés dans le sens commun, dans le sens de la communauté des hommes. Non seulement la vérité sort de la bouche des enfants, mais il n'y a rien d'autre que la vérité qui sorte de leur bouche. Bannissez les préjugés nocifs. Adoptez le parti pris positif de votre amour. Dites de votre bébé, dites à votre bébé les mots qui vous font du bien, qui lui font du bien, et qui l'aideront à être quelqu'un de bien.

Quoi que tu dises, je te sais sincère ;
Quoi que tu veuilles, je te fais confiance ;
Quand tu me parles, je te crois. Je sais que tu engages ta parole.

Parole de Bébé. Parole d'Homme.

Cinquième partie

Conseils pratiques

Maintenant que vous avez fait connaissance, à peu près sous tous les angles, avec ce nouveau-né, maintenant que vous avez compris qui il est, comment il agit et réagit, essayons d'en tirer des conséquences pratiques : comment vivre avec lui au quotidien ? Qu'allez-vous avoir à faire, qu'allez-vous devoir ne pas faire ? Quelles sont les indications les plus utiles que je peux vous donner en tant que pédiatre-soigneur de bébés pour que vous puissiez vivre de la façon la plus plaisante possible, et cela, bien sûr, sans faire courir de risques à votre bébé ?

Attention ccpendant : je ne prétends pas qu'il soit possible d'organiser une vie à risque nul. Se mettre en tête que c'est le but à atteindre met en situation d'échec garanti. En effet, la seule façon de ne pas mourir serait de ne pas naître. La seule façon de vivre sans risque serait de rester sous une cloche protectrice, à l'abri du monde, à l'écart des autres êtres vivants, des humains, des animaux, des plantes, des insectes, des microbes, des virus. Bref, une vie sans vie.

Or l'être humain est un animal social, organisé pour vivre avec les autres. Penser le bébé hors la socialité n'a aucun sens.

Avec les conseils que je vais vous donner, je ne prétends pas que la vie de votre enfant sera sans aucun risque, sans danger, mais elle sera, au moins, sans risque ajouté. Ces conseils vous aideront à faire face le plus efficacement possible aux dangers réels et aux risques incontournables. Et pour le reste, vivre, « c'est la vie » !

D'abord, il ne s'agit pas que le désir de le soustraire aux risques et aux dangers physiques fasse obstacle à sa structuration psychique, à la construction de son « moi » indispensable pour affronter le monde.

Il faut donc absolument que nous, médecins, nous vous déchargions au maximum – vous, les parents – du poids de la médecine, de la gestion de la santé et des maladies éventuelles de votre enfant, en les assumant le plus complètement possible. Non pas pour protéger notre pré-carré, mais pour vous restituer dans toute la mesure du possible le domaine qui n'est pas le nôtre : votre vie privée – familiale et amoureuse.

Je souhaite que vous puissiez poser à terre ce havresac si pesant pour vous qu'est la médecine de votre enfant et que nous, soigneurs, le ramassions. C'est notre boulot, ça ne peut pas être celui des parents. C'est un papa-médecin, un médecin-papa qui vous le dit. Lorsque nos enfants à nous, les médecins, sont malades et nous inquiètent, nous devenons parfaitement inaptes à faire de la bonne médecine pour eux. Celle-ci nécessite en effet une distance affective, une « neutralité bienveillante », comme disent les psychanalystes, sans laquelle l'objectivité nécessaire à la qualité de l'intervention médicale n'est pas possible. Dieu merci, nous n'aimons pas vos enfants ! Car ce ne sont pas les nôtres. Nous les aimons bien, certes, nous leur voulons du bien et nous pouvons leur faire tout le bien possible.

Vos enfants comme les nôtres doivent avoir en face d'eux un interlocuteur neutre, et donc apte à exercer au mieux cet art véritable qu'est le travail médical. Ne cédez pas aux injonctions actuelles qui vous poussent à gérer la santé de votre enfant, vous entraînent à faire de la « médecine » ! Cela nécessiterait un impensable préalable : cesser de vivre l'amour fou pour votre bébé.

Ces dernières décennies, depuis que la médecine a acquis un réel savoir sur les maladies et un pouvoir véritable de les guérir, le corps médical est traversé par la « tentation totalitaire » qui conduit à une conception de la vie fondée sur la médecine, en mettant la maladie au cœur de nos préoccupations. Alors que la bonne santé n'est qu'un moyen d'avoir une vie vivable, elle vous est présentée comme le but ultime à atteindre, comme l'axe autour duquel toute votre vie doit s'organiser.

Occupez-vous de la vie, la vôtre et celle de votre enfant ; nous nous chargerons de soigner ses maladies lorsqu'il en aura. Car il en aura, elles font partie du lot : les maladies du corps, les maladies de l'« âme ».

Le rôle du pédiatre n'est pas seulement de faire en sorte que ce petit enfant soit aujourd'hui en bonne santé physique et psychique, mais aussi de le mettre dans les meilleures conditions possibles pour qu'il devienne un adulte en bonne santé physique et psychique. Le plus facile, actuellement (même si ce n'est pas une raison pour s'y cantonner), est de guérir les maladies du corps contre lesquelles nous sommes, généralement, bien armés.

1

Du bon usage de la médecine

Les conditions d'hygiène, de travail, de distribution des aliments, l'efficacité des médicaments enfin se sont tellement améliorées ces cinquante dernières années dans nos pays hyperdéveloppés, que la plupart des maladies y sont devenues quasiment anodines. En 1900, on mourait d'une angine, d'une pneumonie ou d'un impétigo. Grâce aux antibiotiques – et seulement grâce à eux –, ces maladies sont devenues presque bénignes. Mais ça ne date que de l'après-guerre, et ne vaut que dans nos pays.

On mourait encore quotidiennement dans les années 50-60 de ces maladies atroces que sont le tétanos, la diphtérie, la poliomyélite, la typhoïde, la tuberculose, la grippe aussi. Grâce aux vaccins – et seulement grâce à eux –, ces épidémies calamiteuses ont pratiquement disparu dans nos pays. Quant à la variole, à la suite des campagnes mondiales de vaccination, elle a été en 1980 éradiquée de la surface de la terre, ce qui explique que vos enfants ne soient plus vaccinés contre elle.

Or, maintenant que l'on dispose enfin des armes médicales, merveilleuses et efficaces, ces vaccins inventés il y a cent ans par Pasteur et ses élèves, ces antibiotiques découverts il y a cinquante ans par Fleming et ses successeurs, d'aucuns prétendent que ces thérapeutiques sont dangereuses ! Des naturothérapeutes, des phytothérapeutes condamnent des substances – parfois extraites des plantes – mais dont l'efficacité a été multipliée par cent ou par mille –, sous prétexte qu'elles ont été transformées en médicaments par l'industrie, sous prétexte que ce n'est pas naturel ! Certains homéopathes dénigrent les vaccins, alors qu'il n'y a rien de plus typiquement homéopathique qu'un vaccin, puisqu'il fournit au corps, à dose infime, un produit non toxique pour lui permettre de se défendre ensuite seul, activement, contre le germe toxique et mortel dont il serait incapable de se protéger sans cette immunité acquise.

Hélas, on voit encore dans les services de maladies infectieuses et de réanimation mourir du tétanos, de la tuberculose, de la grippe, de l'hépatite B. On voit encore des enfants mourir de la rougeole ou de la coqueluche. Ces maladies sont devenues heureusement exceptionnelles, mais uniquement grâce aux vaccins. Leurs agents existent toujours et, si nous n'en protégeons pas nos enfants ou nous-mêmes, nous prenons des risques.

Ceux qui mènent campagne contre la vaccination rappellent que le vaccin antivariolique était potentiellement dangereux puisqu'il risquait de tuer un vacciné sur cent mille. Ils oublient de dire que la maladie, elle, tuait un malade sur deux ! Nous vaccinons actuellement et continuerons à vacciner tant que les maladies « sauvages » ne seront pas éradiquées. Ces vaccins-là ne tuent pas. C'est mensonge de le prétendre. Ce mensonge est mortel.

Notre responsabilité de soignants, de traitants, de médecins est de prévenir, de soigner, de traiter. Et de tout vous expliquer – je ne vois pas au nom de quoi on ne vous expliquerait pas – en vous fournissant les données complètes.

Ce n'est pas parce que ces vaccins et ces antibiotiques sont commercialisés par des laboratoires pharmaceutiques (comme les granules homéopathiques ou les plantes), auxquels ils font effectivement gagner de l'argent, parfois beaucoup d'argent, qu'on devrait ne pas s'en servir.

En revanche, et dans tous les cas, il est hors de question de donner vous-même à votre nouveau-né des médicaments quels qu'ils soient – particulièrement des antibiotiques et des sirops antitussifs, mais également des médicaments contre la fièvre – sans un examen médical préalable. Le but de la médecine n'est pas de donner des médicaments, mais de faire d'abord un diagnostic précis.

Si l'allopathie peut souvent paraître mal faite, c'est parce que certains médecins s'entêtent à prescrire des antibiotiques – qui tuent les microbes mais pas les virus – aux enfants atteints d'infections virales contre lesquelles nous ne disposons d'aucun traitement efficace ; c'est parce que certains médecins confondent les antibiotiques – qui n'ont aucun effet sur la fièvre – avec les antithermiques – médicaments contre la fièvre, comme le paracétamol, l'aspirine, les anti-inflammatoires ; c'est parce que des médecins utilisent les antibiotiques comme la panacée contre la fièvre ou contre un rhume sur lesquels ils n'ont aucun effet.

En l'absence d'infection microbienne avérée, pas d'antibiothérapie !

Mieux vaut se préoccuper des maladies graves – rares – sur lesquelles nous savons agir, souvent parfaitement, et se donner les moyens de les maîtriser, plutôt que de fabriquer des peurs à propos de pathologies exceptionnelles sur lesquelles nous sommes malheureusement encore impuissants.

Il fallait informer sur le SIDA, maladie grave, mortelle, mais fallait-il laisser, dans le même temps, se répandre l'hépatite B, tout aussi grave, mortelle et cent fois plus fréquente, sans même songer à utiliser le vaccin efficace et sans danger dont on disposait depuis plus de vingt ans ? Plutôt que de trembler devant des dangers hélas encore inéluctables, agissons hardiment sur ceux que nous savons contrecarrer.

Plutôt que de rester tétanisés devant le risque de la fameuse mort subite inexpliquée du nourrisson (MSIN) – si rare mais dont on parle tant –, agissons sur les dangers mortels auxquels nous savons nous opposer. Tous les bébés qui mouraient il y a cent ans d'infection, de toxicose, d'hyperthermie, d'hypoglycémie, de souffrance fœtale, de maladie bleue, de tétanos, de grippe, mouraient tous de morts qui étaient, à l'époque, inexplicables. Petit à petit, elles ont été comprises, expliquées, donc combattues, et ont pratiquement disparu. Si la mort subite et inexpliquée du nourrisson est devenue la première cause de mort des bébés, ce n'est pas parce que sa fréquence a augmenté, c'est parce que les autres causes ont quasiment disparu.

Cependant, si grâce à un effort d'explication et de compréhension, on peut encore en diminuer la survenue, simplement en cessant de faire courir des risques inutiles, tant mieux. Puisque l'on sait maintenant que coucher un bébé sur le ventre, sur un matelas trop mou dans lequel il s'enfonce, dans un lit aux montants insuffisamment rigides dans lequel il se coince, en le recouvrant d'une grosse couette ou d'une couverture dans une pièce surchauffée, alors qu'il est trop habillé, sont autant d'habitudes dangereuses, ne le faisons plus.

Utilisez pour coucher votre bébé un lit rigide, avec un matelas ferme, et installez-le découvert, éventuellement couvert d'un simple drap, dans une pièce à température normale, comme celle de votre chambre ; nul besoin de ces matelas prétendus « anti-étouffement », pur délire du marketing. S'il fait frais dans la pièce, un simple sur-pyjama, plus agréable pour gigoter qu'une gigoteuse dans laquelle il est coincé et pour turbuler qu'une turbulette dans laquelle il est attaché, permettra à votre bébé non pas d'avoir chaud, ce qui est dangereux, mais simplement de ne pas avoir froid.

J'ai vu des milliers de bébés dans ma vie, tous toujours trop couverts. Je n'en ai jamais vu un seul insuffisamment vêtu, sauf dans des familles démunies. Alors, même quand vous allez faire l'effort, nécessaire, de lui en enlever un peu, ne vous inquiétez pas, vous n'arriverez jamais à lui en enlever trop : c'est au-delà de vos possibilités.

Quant à la position du coucher, ce n'est peut-être pas ce qu'il y a de plus important. Certes, on sait maintenant qu'installer exprès un bébé sur le ventre n'est pas judicieux, mieux vaut lui proposer d'emblée le côté ou le dos. Mais quand vers quatre/cinq mois il se retourne tout seul sur le ventre, il ne faut pas trembler nuit après nuit et courir le retourner toutes les cinq minutes. Si le couchage est de bonne qualité et que votre bébé n'est pas couvert, facteurs principaux de sécurité, laissez-le vivre ses nuits comme il l'entend. Après tout, il ne risque guère plus que vous lorsque vous allez dormir. Car cela existe aussi, la mort subite inexpliquée de l'adulte, même jeune. On n'en parle pas, mais il y a au total plus d'adultes que d'enfants ou de bébés qui meurent de cette façon brutale. Pourtant, personne ne va se coucher chaque soir en se demandant si ce n'est pas son ultime nuit.

Inutile de s'épuiser à essayer de contrer l'imparable, l'inexplicable, l'irrémédiable. Pensons plutôt à ce que nous pouvons maîtriser, faisons d'abord ce que nous savons faire !

Mettons en œuvre les techniques médicales efficaces, sans nous en détourner sous le fallacieux prétexte qu'elles ne sont pas naturelles. Aux médecins de s'y tenir. De tout ce que vous avez entendu ou lu, sachez qu'une infime partie seulement est indispensable. Bien peu de conseils sont des impératifs dont l'inobservance mettrait votre bébé en réel danger.

Il est aberrant d'inquiéter toutes les mères à propos de choix d'alimentation – qui ne changera rien à la santé de leur bébé – ou à propos de mort inexplicable, tout en laissant se mettre en place des conduites à risque réel.

Il est bien plus dangereux de voyager avec un bébé non attaché dans une voiture, même cent mètres, que de le laisser dormir sur le ventre. Il est assurément très dangereux de le laisser seul sur sa table à langer, ne fût-ce que deux secondes durant lesquelles il risque sa peau, même à deux jours de vie. En revanche, le nourrir au lait artificiel ne comporte aucun risque particulier. Il est scandaleux de ne pas vacciner, de récuser les antibiotiques en cas d'infection bactérienne et de faire croire que l'allaitement au sein évite et traite les maladies.

Encore faut-il que les médicaments efficaces soient efficacement maniés et adaptés aux maladies à traiter. Il est donc hors de question que vous donniez des antibiotiques à votre bébé sans examen médical : c'est dangereux. Et n'augmentez pas les doses prescrites en croyant le guérir plus vite, vous ne feriez que prendre des risques.

Du médecin, ce n'est pas une ordonnance que l'on doit attendre d'abord, mais un diagnostic. Pour qu'il puisse le donner, il faut une consultation complète : l'interrogatoire détaillé pour tout savoir des symptômes et du bébé ; l'examen complet, de la tête au pied, d'un bébé tout nu ; la réflexion qui permet d'affirmer le diagnostic ou qui indique la nécessité d'examens complémentaires (prise de sang, examen d'urines, radios, etc.). Ce n'est qu'une fois le diagnostic posé que sera choisi le « traitement » qui ne sera pas obligatoirement médicamenteux. Il n'y a aucune raison de donner des médicaments s'il n'y a pas de maladie. Si le bébé n'est pas malade, nous devons vous le dire et vous expliquer ce qui se passe. Le dialogue fait alors plus de bien qu'une ordonnance, quelle qu'elle soit : allopathique, homéopathique, phytothérapique, etc.

Un jour, à l'occasion de la première poussée dentaire, qui peut commencer dès le deuxième mois, ou de la première otite, vous bénirez avec moi la première maladie, celle qui vous permettra enfin de savoir comment est votre bébé quand il est « malade », et avec quelle précision il exprime son mal ! Dorénavant, vous saurez qu'il sait le dire !

La plupart des « conseils médicaux » sont devenus facultatifs. Mais quelques-uns sont vitaux. Ceux-là, vous devrez les suivre, car y manquer serait dangereux. Ceux-là seuls valent la peine que je vous les donne dans les pages qui suivent, où nous parlerons de la vie quotidienne, de la nourriture, du sommeil, de la toilette, des petits riens, des loisirs, des vacances, des petites maladies aussi, de la vie en somme.

2

L'alimentation de votre bébé

Il y a deux façons d'allaiter son bébé : au sein et au biberon, l'une d'ailleurs n'excluant pas l'autre. Allaiter au sein, c'est bien. Allaiter au biberon, c'est bien aussi.

Allaiter son bébé

Le bébé étant un petit mammifère, son alimentation naturelle (sauvage) se fait à la mamelle, au sein de sa mère ; c'est pourquoi nous commencerons par parler de l'allaitement maternel.

Le lait maternel a été inventé il y a quelques dizaines de millions d'années, et, pour ce qui concerne le lait humain, sa composition s'est modifiée, peaufinée durant environ trois millions d'années ; ceci permet de penser que, dans une vie sauvage, il était idéalement adapté à l'alimentation du petit.

Tout le monde connaît les avantages – nutritionnels, immunitaires, pratiques – du lait maternel et sait que le travail des fabricants de lait pour bébé consiste à tenter de copier au mieux, quoique imparfaitement, le lait de femme à partir du lait de vache. Tout le monde insiste aussi, parfois un peu lourdement, sur les avantages psychologiques de l'allaitement au sein pour la mère et pour le bébé.

Si tous ces avantages existent vraiment en théorie, il est néanmoins utile de préciser certains points.

À l'heure actuelle, dans nos pays hyper-développés, où le moins qu'on puisse dire c'est que les bébés et leurs parents sont loin de mener une vie « sauvage », il n'y a pas de différence de qualité, d'état de santé ou de mortalité entre enfants normaux allaités au sein et enfants normaux allaités au biberon.

Les statistiques épidémiologiques sont, sur ce point, formelles. Personne ne peut distinguer à l'école les enfants qui furent nourris au sein – censés être grands, beaux, intelligents, premiers de la classe, jamais malades, bien dans leur peau – des enfants qui furent nourris au biberon – qui seraient petits, ratatinés, laids, scrofuleux, psychopathes, bêtes, derniers près du radiateur.

Mais la communication des données scientifiques ou parascientifiques concernant les qualités du lait maternel est telle que nombre de mamans se décident à donner le sein à leur bébé comme elles lui donneraient un médicament : le lait-aux-anticorps. Elles sont convaincues qu'elles le traitent ainsi contre les infections, ce qui est inexact puisque l'essentiel des anticorps a déjà été transmis par le placenta au cours de la grossesse.

De la même façon, certaines mamans sont persuadées que l'allaitement au sein est indispensable pour protéger leur enfant contre les défaillances psychologiques. « Je l'allaite pour qu'il ne soit pas frustré », me disait une maman !

Une des conséquences de cette situation est que bon nombre de femmes vivent l'allaitement au sein comme une corvée qu'elles accomplissent sans plaisir, ce qui n'est, bien sûr, positif ni pour elles ni pour leur enfant. « Je l'allaite pour être une mère parfaite, autrement je n'y vois que des désavantages », m'a-t-on dit. J'ai même entendu une maman me dire : « Je l'allaite pour vous faire plaisir » !

Par ailleurs, les mères qui ont décidé de nourrir leur bébé au biberon, ou celles qui n'ont pas pu lui donner le sein, risquent de se vivre comme coupables de lui « faire du mal » et de ne pas lui donner les meilleures chances de vie, ce qui les rend souvent très malheureuses, d'autant qu'il leur est dit : « Tu ne l'allaites pas, tu ne lui donnes pas ce qu'il y a de meilleur... tu le mets en danger » ! C'est faux !

Dans les pays en voie de développement, l'allaitement au sein est impératif, pour des raisons de survie. Il en est de même, dans les pays développés, pour certains bébés malades (grands prématurés, enfants atteints de certaines pathologies digestives).

Pour les autres, en revanche, on peut choisir son mode d'allaitement en toute sérénité, on peut aussi associer les deux modes sans aucun danger. Il n'y a aucune raison valable d'avoir une attitude univoque. À vous de décider, seulement en fonction du bonheur, du plaisir que vous en tirerez les uns et les autres (vous, votre bébé, le papa).

Alimentation à durée libre

La limitation des durées de tétées n'est valable que pour les premiers jours des bébés alimentés au sein (non pas pour le bien du bébé mais pour celui des seins). Sinon, la durée des repas peut varier de cinq minutes à une heure, parfois plus.

Votre bébé n'est pas plus censé manger en un temps donné que vous-même, qui mangez parfois très vite parce que vous avez très faim, parfois très lentement en discutant avec des amis.

Votre bébé n'est pas censé manger à la même vitesse qu'un autre bébé. Certains se fatiguent à téter et ont besoin de se reposer. Ils entrecoupent donc leur repas de multiples pauses pour dormir quelques minutes, puis redemandent à téter, et ainsi de suite, ce qui peut faire durer des repas jusqu'à deux ou trois heures. Même si c'est épuisant pour vous, cela ne comporte aucun danger, et ça ne durera pas toute la vie. Quelques semaines tout au plus. Alors, laissez faire sans presser le mouvement ; de toute façon, ce serait vain.

Alimentation à rythme libre

Il n'y a aucun intervalle minimum entre deux prises alimentaires (d'où vient cette légende du « minimum deux heures » ?) ni d'intervalle maximum (au nom de quoi trois heures et demie ?).

Il n'y a aucune raison médicale (excepté pour certains nouveau-nés les premiers jours de vie) de réveiller un bébé pour le nourrir. *A fortiori*, de refuser à un bébé qui a faim de manger. Ne vous efforcez pas de régler votre bébé comme une horloge, c'est inutile : il le fera tout seul au bout de quelques semaines.

En revanche, si un jour, pour une raison ou pour une autre, vous n'avez pu lui fournir la tétée qu'il réclamait, ou que vous avez tardé à la lui donner, ne paniquez pas ; il n'en pâtira pas plus que vous quand vous avez sauté un repas ! Si son réglage était fait et qu'il s'agit du repas du soir, cela ne l'empêchera pas de dormir ; si son réglage n'est pas acquis et qu'il s'endort, c'est peut-être le premier signe qu'il est en train de se régler.

Le rythme varie considérablement d'un jour à l'autre. Ce n'est pas parce qu'une nuit il vous a demandé à manger toutes les heures – ce qui est banal, même si c'est éreintant – qu'il faut en conclure qu'il va le faire toutes les nuits jusqu'à ses quinze ans, et vous en désespérer.

Qu'il soit au sein ou au biberon, laissez votre bébé décider lui-même de ses horaires, c'est ce qui peut arriver de plus agréable – pour lui certes, mais pour vous aussi. Vous n'avez donc nul besoin d'une montre. N'ayez aucune crainte qu'il « saute un repas ». Puisqu'il n'y en a aucun de prévu, il ne peut pas en sauter. Avant de le réveiller parce qu'il dort longtemps durant la journée, dites-vous bien que le même écart, dans la nuit, ne vous inciterait pas à vous réveiller ni à le réveiller.

Alimentation à volume libre

Quel que soit l'âge de votre bébé, laissez-le décider lui-même des volumes de lait qu'il veut avaler; ne laissez personne d'autre que lui en décider.

D'une part, les bébés ne mangent pas tous les mêmes quantités; d'autre part, votre bébé lui-même ne mange pas autant à chaque tétée (comme vous ne mangez pas la même quantité à tous vos repas).

Ne croyez pas que les quantités inscrites sur les boîtes de lait en fonction de l'âge aient un quelconque rapport avec votre bébé.

Ne croyez pas que les mamans qui nourrissent leurs bébés au sein soient plus tranquilles que celles qui les nourrissent au biberon parce qu'elles ne voient pas ce que leur enfant mange.

Ne croyez pas non plus que votre bébé doit finir son biberon sous prétexte que vous l'avez préparé pour lui.

À l'inverse, je ne saurais trop vous conseiller de préparer des biberons tellement abondants qu'il en laissera à la fin de son repas, comme lorsque vous recevez des amis. Il faut avoir du lait à jeter à la fin des tétées.

La seule chose qui vous permet de savoir que votre bébé a assez mangé, c'est qu'il s'arrête de téter. Il ne doit pas s'arrêter parce qu'« il n'y en a plus », mais parce qu'« il n'en veut plus ». Ce n'est pas qu'il faut qu'« il vous finisse son biberon », le but est justement que le biberon soit tellement grand qu'il ne puisse pas le finir. L'idéal serait d'avoir des biberons « énormes » mais opaques, non gradués, comme le sein, ce qui nous interdirait de savoir combien il mange.

Votre rôle à vous, c'est de proposer ; lui, il dispose.

Laissez-le manger à satiété

Donnez-lui du lait à volonté ! Jamais il ne se trompera, ni dans un sens, ni dans un autre. Jamais il ne fera une « dilatation de l'estomac » en mangeant beaucoup ; cette « maladie » n'a jamais existé que dans l'imagination. Jamais il ne manquera si vous lui proposez toujours trop ; mais s'il décide de manger peu, écoutez-le aussi dire qu'il n'a pas faim, et croyez-le. Sans pleurer ! Il n'y a que dans nos pays trop riches qu'on pleure parce que le bébé refuse de manger tout ce qu'on lui donne. Partout ailleurs, on pleure – avec raison – parce qu'il n'a pas assez à manger, malheur réel. Que l'on vous dise en guise de consolation – et que vous vous disiez – qu'« il ne se laissera pas mourir de faim » n'a pas de sens. Qui parle de mourir ? Est-ce en question pour lui ? « Il faut qu'il mange », dit-on. Mais non ! il faut juste qu'il ait à manger.

Ce qu'il ne mange pas à cette tétée, il le mangera à la suivante. Ce qu'il ne mange pas aujourd'hui, il le mangera demain. Ce qu'il ne mange pas cette semaine, il le mangera la semaine prochaine. Et ne pensez pas qu'il a entamé une grève de la faim !

Même si les quantités qu'il boit vous semblent extravagantes, laissez-le gérer lui-même son alimentation. Contentez-vous de fournir. De toute façon, vous ne lui ferez jamais avaler des quantités de lait qu'il ne veut pas ingurgiter. La seule chose que vous pourriez réellement réussir, ce serait de l'empêcher de manger à sa faim. Eh bien, sachez-le, outre le désagrément que cela lui causerait – et vous créerait par ses cris –, mettre peu de lait dans ses biberons ne ferait que rendre plus difficile son réglage spontané ; en ne pouvant pas se rassasier à chaque repas, il ne pourrait que redemander plus souvent.

Ne forcez jamais

Ni en moins, ni en plus. Plus vous vous interposerez entre lui et sa faim, plus les repas seront porteurs d'enjeu, moins il se nourrira simplement – pour finir par ne plus avoir faim. Et à long terme, il risque de développer des dysconduites alimentaires. C'est ainsi qu'on se retrouve en guerre avec un enfant qui refuse de manger, ou un adolescent qui se met à manger trop.

Or, personnellement, je n'ai jamais connu de bébé nourri à sa faim qui soit devenu obèse. D'autant qu'après deux mois de voracité sauvage, ces enfants diminuent spontanément la quantité qu'ils mangent au lieu de l'augmenter. Tel bébé qui buvait huit biberons de deux cents millilitres à trente jours – ce qui est possible – ne boira plus que trois ou quatre biberons de cent cinquante millilitres à quarante jours – ce qui lui est suffisant. Il sera passé spontanément de un litre et demi par vingt-quatre heures avec repas fréquents jour et nuit, à un demi-litre par vingt-quatre heures avec trois ou quatre repas par jour, en dormant douze heures la nuit. Ce n'est pas plus insuffisant maintenant que ce n'était excessif auparavant.

Même si, dans les tout premiers mois, ces bébés libres poussent et grossissent plus vite que les bébés nourris sous haute surveillance : jusqu'à trois/quatre mois leur courbe de poids monte plus vite que celle des bébés sous contrainte ; vers trois/quatre mois, ils sont – comme tous les autres – gras comme des petits pâtés. Peut-être un peu plus. Pas obèses, pas à mettre au régime, mais grassouillets. Lorsqu'on continue à les laisser faire, ils font la pause au cinquième mois en ne prenant pas un gramme, et se laissent ainsi tranquillement rattraper par les autres. Après avoir été au-dessus de la courbe, ils s'y recalent spontanément.

À six mois, tous ont le même rapport poids/taille ; on y est arrivé sans bras de fer, sans enjeu, sans avoir induit d'idée fausse et de mauvais jugement ni dans votre tête, ni dans la sienne !

Une grande crainte exprimée par les parents (il faut dire que les premières semaines sont épuisantes !), est qu'en laissant un bébé faire ce qu'il veut en matière d'alimentation, on ne l'incite pas à apprendre à passer ses nuits à dormir au lieu de manger. C'est une idée très largement répandue, systématiquement répétée, mais qui ne correspond strictement à aucune réalité, au contraire.

En effet, lorsqu'on laisse un bébé faire à son propre rythme, et quel que soit ce rythme (souvent anarchique et extrêmement surprenant), il arrive toujours, sans aucune exception, à se régler spontanément au bout de quelques semaines (quatre à dix). La durée de l'acquisition du rythme jour/nuit ne dépasse pas cent jours. Cela ne signifie pas qu'il faut cent jours pour qu'il se règle, mais qu'il ne lui faut jamais plus de cent jours, à condition de ne pas intervenir et de proposer du lait en abondance.

Pour conclure, vous n'êtes pas censés donner à manger à votre enfant des quantités pré-établies, mais lui fournir, lorsqu'il le demande, des biberons de lait d'une quantité telle qu'il pourra se servir du volume qu'il décidera, à la vitesse qui sera la bonne pour lui à ce moment-là.

Quelle que soit la quantité bue, que vous la connaissiez – s'il est au biberon – ou pas – quand il est au sein –, qu'elle soit petite ou grande, si votre bébé n'en veut plus, c'est qu'il a assez mangé, c'est qu'il est repu.

S'il en veut encore, s'il a encore faim, proposez-lui encore à boire, jusqu'à ce que lui s'arrête.

Ne confondez pas manger bien avec manger beaucoup, manger mal avec manger peu.

Bien manger, c'est manger avec plaisir jusqu'à ce que l'on ait plus faim, que ce soit beaucoup ou peu.

Allaiter au sein

Si vous choisissez de donner le sein parce que vous en avez envie, sachez que vous allez pouvoir en retirer des joies intenses, même si, au début, il peut y avoir quelques jours difficiles (voir « Du baby blues au maternage », p. 79). Il n'y a pas de durée minimum d'allaitement au sein, mais est-il bien justifié de vous lancer dans l'allaitement maternel si vous devez sevrer votre bébé avant un mois ? Le démarrage serait difficile, le freinage pourrait être douloureux.

Vos seins et votre lait

Il faut souvent du temps pour que vos mamelons ne soient plus douloureux. C'est pourquoi l'on vous recommande de préparer vos bouts de sein dans les dernières semaines de grossesse en les tannant, par exemple avec de l'alcool glycériné ou une pommade.

Pour la même raison, on vous déconseille, les premiers jours, de laisser votre bébé au sein durant plus de dix minutes ou un quart d'heure, simplement pour éviter que vos bouts de sein ne s'abîment. Ils sont d'autant plus fragiles que vous avez la peau claire. Un bon remède aux douleurs, c'est de nettoyer les mamelons avec votre propre lait ; mais ne les « astiquez » pas entre deux tétées, ils ne le supporteraient pas. En cas de douleur trop vive, vous pouvez interposer entre votre peau et la bouche du bébé un « bout de sein » en silicone, qui protège. Au-delà, si des crevasses se forment, vous pouvez tanner la peau avec de l'éosine à l'eau, en laissant le sein au repos une journée ou deux sans tétée.

Il faut également du temps (dix à quinze jours) pour que votre lactation soit bien établie. C'est pour cela qu'on vous recommande d'essayer de ne pas donner trop de biberons de complément les premiers jours, si c'est possible. La lactation s'établit en effet d'autant mieux que le sein est davantage tété au départ. Il y a généralement deux montées laiteuses : d'abord au troisième ou quatrième jour, puis, après une diminution vers le septième ou dixième jour, une nouvelle montée au dixième ou douzième jour.

Il faut aussi admettre que toutes les critiques que votre entourage peut faire sur vos seins (trop petits, trop gros, pas de bout de sein) ou sur votre lait (lait trop clair, « c'est de l'eau », pas nourrissant, lait trop jaune, lait qui a tourné) ne correspondent à aucune réalité possible : inutile de le faire analyser. Ah ! cette terrible phrase de votre mère qui vous lance : « Tu n'y arriveras jamais ! puisque je n'y suis pas arrivée moi-même ! » C'était sa vie, pas la vôtre ; ses seins, pas les vôtres ; son bébé, pas le vôtre !

Enfin, il faut parfois du temps à votre nouveau-né pour que son désir de téter se transforme en aptitude à se nourrir à votre sein.

D'où l'intérêt de l'aide que les sages-femmes et les puéricultrices peuvent et doivent apporter aux femmes qui débutent un allaitement, au moins pendant tout le séjour en maternité, voire après le retour à la maison... Voici quelques-uns de ces conseils qui pourront vous être précieux pour la mise en route de votre allaitement.

La tétée

Avant de commencer, installez-vous à votre aise dans une chaise confortable ou un canapé, avec un bon support pour le dos et les bras. Utilisez des coussins si besoin. Placez votre bébé de façon qu'il puisse attraper le sein facilement. Contrairement à ce que vous pourriez penser, il ne tète pas seulement le mamelon mais toute l'aréole, la zone foncée qui entoure le mamelon. Il est important qu'il l'embouche complètement pour éviter que le mamelon s'irrite.

Si vous n'en êtes pas certaine, placez deux doigts en travers du sein, au-dessus du mamelon. Vous sentirez que votre bébé est bien accroché si vous éprouvez une sensation d'étirement en appuyant légèrement.

La succion est souvent désagréable au début de la mise au sein. Si cela persiste après quelques jours, vérifiez que votre bébé est bien positionné et ne se contente pas de téter le mamelon.

Pour mettre fin à la tétée, insérez votre petit doigt dans le coin de sa bouche, comme pour décoller une ventouse ; la succion s'interrompt et le bébé se décolle du sein sans douleur.

Vous savez que votre bébé tète bien quand vous voyez ses tempes et ses oreilles bouger ; la tétée met en effet en jeu tous les muscles de la mâchoire.

Une impression de chatouillement vous fait savoir que le lait s'écoule de vos seins. Certains bébés se sentent vite rassasiés ; mais n'ayant pas fini leur repas, ils redemandent à manger peu de temps après.

Sauf exception, les bébés avalent peu d'air en tétant le sein. Par conséquent s'il ne fait pas ou peu de rot entre la prise de chaque sein ou même à la fin du repas, n'insistez pas.

Laissez votre bébé vider le sein qu'il tète. Celui-ci diminue de volume graduellement quand il se vide. Si votre bébé s'endort, ne vous posez pas la question de savoir s'il a suffisamment bu. Peu importe, s'il ne demande plus, c'est qu'il n'a plus faim, qu'il est repu. Au repas suivant, commencez par l'autre sein. Éventuellement, il videra les deux seins à chaque repas. Il peut arriver aussi qu'il soit mieux installé d'un côté que de l'autre. Habituellement un bébé tète chaque sein durant dix à quinze minutes, mais votre bébé vous fera vite comprendre quand il a assez bu. Nulle raison de surveiller l'horloge.

Au début, lorsque vous étiez à la maternité, vous avez peut-être trouvé difficile d'allaiter en position couchée. Maintenant, vous êtes plus mobile, vous pouvez prendre la position qui vous semble la plus confortable.

Si vous avez du mal à lui faire prendre le sein, faites couler un peu de lait sur vos doigts et mouillez-lui les lèvres avec.

Quelques précautions

Votre alimentation restera variée et équilibrée : mangez des aliments riches en protéines et buvez beaucoup. Ce n'est certainement pas le moment de suivre un régime amaigrissant. Ne buvez ni café ni alcool en grande quantité.

Le lait des grandes fumeuses contient de la nicotine : au-delà d'un paquet de cigarettes par jour, l'allaitement est contre-indiqué. Mais c'est sur le plan respiratoire que la fumée inhalée par le bébé est la plus nocive.

Enfin, il est hors de question que vous preniez des médicaments sans prescription médicale. Cela dit, il est rare qu'on doive suspendre l'allaitement maternel pour cause de traitement, car la plupart des médicaments ne présentent pas de danger pour le bébé. Si votre médecin vous prescrit un remède en vous disant d'arrêter d'allaiter, demandez-lui de vérifier s'il n'existe pas un traitement d'efficacité équivalente qui n'impose pas cet arrêt. Évidemment, il ne faudra pas refuser de vous soigner à cause de votre désir d'allaiter au sein.

Pendant la quinzaine de jours nécessaires pour que la lactation s'établisse de façon stable, il vaut mieux essayer de ne pas compliquer les choses en introduisant un aliment autre que le lait.

Du sein au biberon

À partir de la fin du premier mois, vous pourrez simplifier la vie de toute la famille en laissant le papa donner un biberon de lait à votre bébé la nuit.

Comme c'est le moment où vous commencez à être très épuisée, cela vous permettra de dormir toute une nuit de temps en temps, et le papa pourra connaître le bonheur de nourrir son petit hors de votre présence. Cela permet également à votre bébé d'être nourri par son père « seul à seul », et de découvrir sans difficulté et sans contrainte la possibilité de se nourrir aussi au biberon. Je ne saurais trop conseiller au papa de se dépêcher de profiter des premiers mois pour donner ces biberons de nuit. Bientôt, il n'y en aura plus.

De plus, cette organisation évitera les difficultés du sevrage souvent liées à la découverte tardive du biberon. S'il a déjà bu du lait au biberon, il ne le refusera pas et il suffira d'augmenter progressivement le nombre de ces repas.

Certains jusqu'auboutistes de l'allaitement maternel diraient que ces biberons doivent être constitués de lait maternel, comme si c'était dangereux de boire autre chose ! Cette recommandation entraîne l'obligation de tirer son lait à l'avance à l'aide de ces appareils étranges que sont les tire-lait. Quel plaisir !

Le lait donné au biberon peut être du lait maternel tiré à l'avance, mais il est le plus souvent constitué de lait artificiel.

Lorsqu'un bébé habitué à téter au sein, c'est-à-dire à aspirer fortement pour en tirer le lait, prend des biberons en utilisant la même technique, le lait coule souvent trop vite dans sa bouche et il s'étrangle un peu. Tâchez de ralentir la vitesse en serrant bien la bague de la tétine et éventuellement en lui retirant de temps en temps un peu la tétine de la bouche.

Quand sevrer votre bébé ?

Le sevrage se fera sur quelques semaines en remplaçant progressivement une tétée au sein par un biberon (disons un repas quotidien par semaine). Ceci permet une diminution progressive de votre lactation, vous évite des problèmes de seins et rend inutile la prise de médicaments pour arrêter le lait. Cela sera d'autant plus facile que votre bébé aura connu le biberon précocement. Comme par ailleurs le nombre de repas diminue aux alentours de l'âge du sevrage, celui-ci ne concerne généralement que trois ou quatre tétées. Inutile donc d'anticiper les problèmes au moment où il y a encore six ou huit tétées.

Enfin, vous pouvez sevrer votre bébé et reprendre le travail, tout en préservant longtemps une tétée le matin ou le soir ; vous avez même le droit de mettre votre enfant au sein alors que vous n'avez pas de lait, juste pour le plaisir !

Allaiter au biberon

L'allaitement au biberon constitue l'alimentation d'environ la moitié des bébés des pays développés. Les caractéristiques générales de cette alimentation au biberon sont les mêmes que celles de l'allaitement au sein : alimentation libre en durée, en fréquence et à la volonté du bébé.

Le matériel

Quel biberon utiliser ? Il n'y a pas de mauvais biberons, le plastique est aussi bien que le verre, ni de mauvaises tétines. Il y a les tétines qui conviennent à votre bébé. Mais si votre bébé est nourri au sein et qu'il prend un biberon de temps en temps, utilisez une tétine à débit faible. Habitué qu'il est à aspirer fortement pour obtenir le lait au sein, il tirera aussi fort au biberon : le lait arriverait alors trop vite avec une tétine à débit normal.

Comment le nettoyer ? Le biberon doit être vidé très vite après le repas et rincé aussitôt à l'eau claire. Avec les mains propres, vous le laverez à l'eau courante, avec ou sans un liquide vaisselle, en utilisant un goupillon, après démontage complet de la tétine, de la bague, du flacon et du couvercle. Vous pouvez aussi le laver dans le lave-vaisselle. Le rinçage doit être particulièrement soigné. Inutile d'utiliser de l'eau en bouteille. L'essentiel, dans le nettoyage du biberon, est le lavage immédiat plus que la stérilisation.

Est-il indispensable de stériliser le biberon ? Non. De nos jours, la stérilisation ne s'impose absolument pas. Sauf dans trois circonstances et toujours après l'avoir lavé : lorsque vous venez de l'acheter, lorsque vous n'avez pu le nettoyer aussitôt après la tétée, ou lorsque les conditions d'hygiène sont imparfaites. Vous pouvez alors utiliser la stérilisation à chaud (dans un autocuiseur ou un stérilisateur électrique durant vingt minutes), ou la stérilisation à froid avec des pastilles d'hypochlorite (durant une heure et demie).

Quelle eau faut-il utiliser pour préparer le biberon ? L'eau courante froide du robinet est actuellement très bien surveillée, ce qui rend l'usage des eaux en bouteille facultatif, si le réseau d'adduction est correct. Et vous seriez vite au courant par toutes les radios et télévisions locales et nationales si l'eau de votre ville devenait dangereuse.

En revanche, l'eau chaude des immeubles, stockée dans des ballons d'eau où elle stagne, n'est pas potable.

Certaines eaux en bouteille, eaux minérales adaptées au traitement de diverses pathologies, sont contre-indiquées pour l'usage courant par le nouveau-né (Vittel, Contrex, par exemple). Si vous tenez à charrier des quintaux d'eau en bouteille, prenez celles qui sont le moins minéralisées. Mais l'eau d'évier est aussi bonne que l'eau d'Évian et cent fois moins chère.

Le lait

Quel lait faut-il utiliser ? On parle actuellement d'« aliments lactés pour nourrissons ». On disait naguère « laits artificiels pour bébés ». Ce terme pourrait faire penser qu'il s'agit d'un produit synthétique élaboré par l'industrie chimique. Sachez qu'il s'agit en fait d'un aliment lacté préparé à partir du lait de vache, matière première indispensable. Le lait de vache est ensuite « cuisiné », subissant des retraits de matière grasse et de sel et des ajouts de graisses végétales, fer, calcium, acides aminés, vitamines, ce qui le modifie en rapprochant sa composition de celle du lait maternel.

On peut le trouver dans le commerce soit sous forme liquide, soit sous forme de poudre. La composition est la même. Le plus pratique est d'utiliser les minibricks de lait UHT : ils sont tout prêts et ne demandent pas de préparation particulière.

Il y a plusieurs types de présentation des laits pour bébé : lait en poudre ou lait liquide reconstitué en bricks de 200, 250, 350, 500 grammes ou un litre.

Il y a plusieurs formules de lait, chaque marque commercialisant chacune des formules qu'on peut trouver pour la plupart aussi bien en grande surface qu'en pharmacie. Le choix de la formule de lait sera fait par votre pédiatre, en fonction de votre bébé et de ses habitudes ; les changements de lait n'ont aucun intérêt, sauf exception, tous les laits ayant la même valeur nutritive, sans qu'il y en ait de plus « riches » que d'autres. Mais si vous ne trouvez pas le lait qu'on vous a indiqué, il n'y a pas de danger à en changer, temporairement ou définitivement, pour un lait de même type mais d'une autre marque, voire à donner exceptionnellement du lait demi-écrémé.

La préparation des biberons

Quelle quantité préparer ? Nous l'avons dit, préparer des biberons trop grands permettra à votre bébé de se servir selon ses besoins. N'insistez jamais pour qu'il finisse. Ne regardez pas les volumes inscrits sur les boîtes, préparez plutôt un biberon que votre bébé ne pourra pas finir. Si vous utilisez le lait en poudre, mettez impérativement une mesurette rase de poudre pour chaque trente millilitres d'eau. Mettre plus de poudre « pour le faire tenir » est dangereux et peut entraîner des pathologies graves. En mettre moins diminue la quantité de nourriture et affame votre bébé. Inutile de stériliser un couteau pour araser la poudre, il suffit d'imprimer un mouvement de vibration pour que le niveau s'égalise dans la mesurette.

Utilisez donc des quantités d'eau qui sont multiples de 30, c'est tellement plus simple. Mettez d'abord l'eau (90, 120, 150, 180, 210, 240 ml). N'ajoutez la poudre qu'ensuite (3, 4, 5, 6, 7, 8 mesures). Secouez bien le biberon pour dissoudre la poudre dans l'eau, ce qui se fait d'autant mieux que l'eau est tiède.

Combien de temps peut-on conserver un biberon de lait ? Tant que la poudre n'a pas été ajoutée à l'eau, indéfiniment. Sinon, il doit être donné rapidement après la préparation ; dès lors qu'il est entamé, il ne peut pas être conservé plus d'une heure : biberon goûté, biberon jeté.

Lorsque le repas est terminé, videz le biberon, démontez-le, rincez-le à l'eau, lavez chaque pièce séparément, rincez encore. Vous n'avez plus alors qu'à y mettre le volume d'eau nécessaire pour le prochain repas (mais sans y ajouter la poudre). Refermez ce biberon d'eau, laissez-le tiédir sur la table jusqu'à la prochaine demande de votre enfant. Vous n'aurez plus qu'à ajouter la poudre dans l'eau tiède ; cela ne vous prendra que quelques secondes.

Vous pouvez, de cette façon, préparer les biberons de la nuit, mais sans y adjoindre la poudre. Vous pouvez néanmoins la mesurer à part, dans des petits récipients tout prêts (par exemple des verres). Vous ne ferez le mélange que juste au moment du repas. Tant que la poudre de lait n'est pas mélangée à l'eau, le biberon d'eau ne peut pas s'abîmer.

En revanche, si vous prépariez à l'avance les biberons de lait complété, il vous faudrait nécessairement les stériliser, les stocker au réfrigérateur, puis les dé-glacer au chauffe-biberon, les « goutter » en faisant tomber quelques gouttes sur le dos de votre main ; et souvent vous seriez alors obligée de refroidir le biberon sous le robinet. Le tout prendrait plusieurs minutes. Qu'est-ce que vous y gagneriez ?

Le risque de brûlure par chauffage au four à micro-ondes (qui chauffe le lait mais pas le verre) rend celui-ci très dangereux. De toute façon, c'est tièdes, généralement, que les bébés préfèrent les biberons. Il suffit donc d'avoir mis l'eau longtemps à l'avance, dans le biberon, à température ambiante, pour qu'elle soit tiède. C'est facile, et bien plus sûr que de préparer à l'avance un biberon de lait chaud qu'on va trimbaler durant des heures dans une Thermos jusqu'à ce que le bébé ait faim.

Le lait chaud est un excellent milieu de culture pour les microbes. C'est pourquoi le transport d'un biberon en cas de déplacement, de voyage, se fera soit avec un biberon d'eau tiède et la poudre à part, soit – encore mieux –, avec les minibricks et un biberon vide et propre ; ces minibricks n'ont même pas besoin d'être réchauffés. Il suffit, à l'instant du repas, de couper le pack, de verser le lait tiède dans le biberon et c'est prêt. À table ! Ayez-en toujours un dans votre sac, dans la boîte à gants de la voiture, chez les grands-parents. Sous cette présentation, le lait peut se conserver pendant des mois.

En pratique et en dehors de circonstances inhabituelles de nos jours (pas d'eau courante sûre, ce qui impose l'eau minérale ; conditions d'hygiène imparfaites imposant la stérilisation), vous n'avez besoin, pour nourrir votre bébé au biberon, que :

– d'un robinet d'eau froide ;

– de deux ou trois biberons (inutile d'en avoir douze) ;

– d'une casserole pour le stériliser sur la cuisinière (si un biberon a longtemps traîné).

En revanche, vous n'avez besoin :

– ni de vous obliger à vous coltiner des caisses d'eau minérale ;

– ni d'un stérilisateur, qu'il soit à froid ou à chaud ;

– ni d'un réfrigérateur ;

– ni d'un chauffe-biberon ;

– ni d'un four à micro-ondes.

Quant au pèse-bébé, vous n'en aurez jamais besoin.

La tétée

Lorsque vous donnez à boire à votre bébé, calez-le bien dans le creux de votre coude, en position semi-verticale. Tenez le biberon incliné de façon que la tétine soit pleine de lait et non pas pleine d'air ; laissez téter votre bébé à sa vitesse sans essayer de le presser. Si vous utilisez des tétines réglables, veillez à placer le chiffre voulu exactement dans l'axe du nez de votre bébé. Si le lait coule trop vite, vérifiez la position de la tétine ; vous pouvez ralentir le débit en serrant la bague ; pas trop cependant, sinon la tétine va s'aplatir et le lait n'arrivera plus.

N'installez surtout pas votre bébé avec un biberon attaché devant sa bouche en lui faisant prendre son repas tout seul. Non seulement ce serait dangereux – il pourrait s'étouffer – mais cela le priverait de la chaleur de votre corps, de vos regards et de votre conversation qui lui sont aussi indispensables que le lait...

Le rot est plus fréquent chez les bébés nourris au biberon que chez ceux qui sont nourris au sein parce qu'ils avalent plus d'air. Les deux positions les plus courantes pour l'obtenir consistent à tenir le bébé soit contre votre épaule, soit assis sur vos genoux en soutenant sa tête d'une main, tout en lui tapotant doucement le dos de l'autre main. Vous choisirez la position qui vous convient le mieux. Mais n'attendez pas pendant des heures. S'il n'y a pas eu de rot après un quart d'heure, ne vous en faites pas et passez à autre chose.

Quant au hoquet, ce n'est pas une anomalie, il ne le gêne pas, même s'il dure. Une ou deux gorgées de lait suffisent parfois pour le faire passer.

Faut-il donner de l'eau aux bébés pour éviter la déshydratation ? Oui, en période de grandes chaleurs. Sinon, dans nos climats, il n'y a aucune raison d'obliger votre bébé à boire de l'eau et de vous inquiéter s'il la refuse. Il ne risque pas la déshydratation puisque sa nourriture est liquide. Il est en revanche logique de lui proposer de boire de l'eau si vous pensez qu'il veut téter et a refusé le lait. S'il a soif, il boira cette eau alors qu'il ne voulait pas manger le lait, car il n'avait pas faim. Il fait parfaitement la différence entre la faim (manger du lait) et la soif (boire de l'eau), mais il a rarement soif d'eau, car lorsqu'il prend du lait, il en avale beaucoup.

D'autre part, lorsqu'un nouveau-né a soif, il a soif d'eau nature. S'il la refuse, c'est qu'il n'a pas soif. Mettre du sucre dans l'eau pour l'inciter à boire serait trompeur : s'il avalait alors, ce ne serait pas parce qu'il a soif mais pour manger du sucre. L'habituer au sucre dans l'espoir qu'il boive de l'eau est doublement tordu.

Enfin, il n'y a aucune raison de refuser de donner du lait à votre bébé qui a faim en le remplaçant par un biberon d'eau « pour attendre » un temps donné entre deux repas, sous prétexte de laisser son estomac se reposer et la digestion se faire. Vous ne faites pas cela aux autres, pourquoi le faire à lui ?

Faut-il donner de la vitamine D aux bébés ? Oui, c'est indispensable durant les deux premières années, que le bébé soit nourri au sein ou au biberon, car il n'y a pas assez de cette vitamine, essentielle à la prévention du rachitisme, ni dans les laits artificiels, où elle est quasiment absente en France, ni dans le lait maternel, quoi qu'on en dise. Cette vitamine sert à la fixation du calcium sur les os. En son absence, ceux-ci ne se calcifient pas, et c'est cela qui définit le rachitisme, qu'il ne faut pas confondre avec la maigreur. Un bébé peut tout à fait être grassouillet et néanmoins rachitique.

Il est donc impératif d'en rajouter sous forme de gouttes, au moins durant les deux premiers hivers, pour éviter ainsi la fragilité osseuse ; et cela encore plus chez les bébés noirs, dont la peau en fabrique moins, et chez ceux nés prématurément, qui en ont plus besoin.

Il vaut mieux penser à mettre les gouttes dans le biberon, même s'il s'en perd un peu, que de vouloir les donner à part et les oublier. Il suffit d'en mettre une ou deux de plus.

Et le fluor ? Le souci de prévenir les caries incite à en prescrire pour les bébés dont les parents ont de mauvaises dents, pour une durée de quinze années. Dans les autres cas, c'est sans doute superflu.

Faut-il donner du jus d'orange à partir de trois semaines ? Quand on sait que la seule justification à donner du jus d'orange, c'est d'éviter le scorbut... qui n'existe plus dans nos pays depuis des décennies, on se dit qu'on peut attendre quelques mois (le temps que le bébé ait fini ses réglages) pour introduire ce jus de fruit qui n'a rien d'indispensable.

Nourrir un vrai bébé ?

Après trois mois, nous le savons, tout va bien pour tout le monde. Bébé dort la nuit, prend quatre ou cinq repas, il a terminé ses réglages. Petit déjeuner, déjeuner, goûter, dîner, coucher spontané vers 20 heures (ou 19, ou 22), une nuit qui dure dix ou douze heures jusqu'à un réveil tranquille au matin. Que pouviez-vous rêver de mieux ? Même si l'on vous dit que ces quatre repas ne peuvent pas lui suffire parce qu'il est trop jeune (c'est écrit sur les boîtes de lait) et qu'il faut le réveiller pour lui en faire prendre au moins un ou deux de plus, n'en faites rien. Il poussera aussi bien avec ses quatre gros repas – plus gros que ce qui était prévu – qu'avec les cinq ou six petits repas qu'on voudrait lui imposer. Certains se règlent spontanément à trois repas par jour... et c'est ça qui leur convient.

J'ai même rencontré une petite Amélie qui est restée deux mois avec seulement deux repas quotidiens, un le matin, un le soir ! Sa maman s'est beaucoup inquiétée, moi un peu, mais Amélie pas du tout. Elle a très bien poussé durant toute cette période, et vers trois mois elle a changé de rythme pour passer à trois, quatre repas, comme les copains.

Les bébés se règlent spontanément et n'ont pas besoin pour cela de boire autre chose que du lait. Je vous propose donc de ne pas introduire d'autres aliments avant ce réglage. Rien ne presse. On admet généralement que la diversification alimentaire se fait avant six mois. En tout cas pas avant que votre bébé ait réglé sa vie au lait.

Au quatrième mois, on peut éventuellement introduire le jus d'orange, si on y tient. Pour ce qui est des légumes, vous pourrez commencer en ajoutant au biberon de lait soit du bouillon de légumes, soit des légumes mixés (faits maison, surgelés ou en petits pots) en quantité progressivement augmentée au fur et à mesure qu'on diminue la quantité de lait, jusqu'à arriver à un biberon de soupe, en un mois environ. Après cette soupe au lait donnée au biberon, vous pouvez proposer en dessert quelques cuillerées de compote (faite maison, surgelée, en petits pots) ou de laitage naturel blanc sans sucre.

Au cinquième mois, vous ferez la même chose le soir.

Au sixième mois, vous rajouterez la viande, le poisson ou le jaune d'œuf, en toute petite quantité, en les mixant avec les légumes.

Quant aux céréales, elles n'ont rien d'indispensable. Elles n'ont jamais fait dormir les bébés la nuit. C'est absolument démontré. En mettre dans le biberon du soir ne sert qu'à engraisser les bébés ! La farine n'est pas un somnifère.

Bien entendu, ce calendrier peut être retardé d'un mois ou deux sans aucun danger.

Les jeunes bébés préfèrent généralement manger leur soupe au biberon, même s'il y a de la viande dedans. Ils n'envisagent de se servir de la cuillère que pour le dessert, une fois qu'ils n'ont plus faim. Alors le passage à la cuillère ne pose aucun problème particulier ; il se fait le plus souvent dans le deuxième semestre. Proposez-la plutôt en fin de repas pour le dessert que pour les légumes en début de repas.

Petit rappel à l'usage des mamans soucieuses :

– Allaiter au sein demande de la patience et de la persévérance.

– Assurez-vous que votre bébé est bien accroché à l'aréole du sein.

– La production de lait augmente avec la demande.

– Le lavage des biberons doit être exécuté scrupuleusement dès la fin du repas, mais la stérilisation est facultative.

– La reconstitution du lait doit être précise, une mesurette rase pour 30 millilitres d'eau.

– Le rythme et le volume des tétées sont libres.

– Quand vous introduisez d'autres aliments, variez les goûts progressivement.

– Ne vous battez pas avec votre bébé pour lui imposer la cuillère.

– Profitez des repas pour cajoler votre bébé et lui parler, c'est un moment très privilégié.

Votre bébé est en route pour l'enfance.

3

Le sommeil du tout-petit

S'il y a bien une chose à respecter chez le bébé, c'est son rythme spontané de sommeil. Son sommeil, c'est sacré. On ne réveille pas un bébé qui dort. Ne lui faites pas sauter un moment de sommeil par crainte qu'il saute le moment du repas. Ne vous préoccupez pas de savoir s'il dort « trop » ou pas « assez ». Laissez-le s'organiser, s'endormir quand bon lui semble, se réveiller quand bon lui semble, sans mesurer le temps qui passe, sans référence à un rythme officiel. Jetez votre montre ! Votre bébé n'en a pas, lui, et il ne se soucie pas de la vôtre. Certains dorment beaucoup, d'autres peu, mais il n'y a pas de minimum légal pour dormir. Bien sûr, s'il décide de dormir dix heures d'affilée la nuit, tout le monde est ravi ; alors que s'il dort les mêmes dix heures le jour, personne n'est content. Et pourtant, pour lui, il n'y a pas de différence de bienséance entre dormir le jour et dormir la nuit. Tous vos repères temporels tombent. Vos heures à vous ne signifient rien pour lui.

Ce n'est pas lui qui est censé dormir la nuit, c'est vous qui n'êtes plus censée dormir la nuit. Vous allez très vite vous rendre compte que vous ne pouvez plus rien faire entre deux tétées. Admettez-le d'emblée. Préparez-vous. Adaptez-vous.

Plutôt que de prévoir de dormir la nuit et de lui en vouloir parce qu'il ne vous l'accorde pas, laissez-vous, volontairement, volontiers, embarquer dans une vie déréglée plutôt que de ne dormir ni la nuit – ce qu'il n'a pas prévu – ni le jour – ce que vous n'avez pas prévu ; abandonnez les prévisions et dormez jour et nuit, quand il dort, en oubliant les considérations sociales.

Laissez tomber votre organisation durant ses premières semaines, ne vous imaginez pas que vous pourrez mener une vie ordonnée, dans une maison en ordre, avec un bébé dont le principe de vie est le désordre. C'est incompatible. Il vit chez vous certes, mais pour l'instant, disons plutôt que vous vivez chez lui.

Oublié, le ménage ! Papa peut bien passer l'aspirateur le dimanche. Oubliées, les courses ! Papa peut bien aller faire des stocks de conserves et de surgelés le samedi. Vous pouvez même vous les faire livrer. Oubliée, la cuisine ! De toute façon, vous aurez peut-être le temps d'ouvrir une boîte, parfois le temps d'en faire chauffer le contenu, mais rarement le temps de l'avaler.

Plutôt que de vous battre contre l'incontournable, organisez votre vie avec. Ça ne durera pas toute la vie. Tout se sera remis en place au plus tard au centième jour. Je vous le garantis. Alors faites le calcul : date de naissance + 100 jours = date que ne dépassera pas votre bébé pour se régler = date ultime au-delà de laquelle votre vie aura repris nécessairement son rythme classique. Ce n'est pas un espoir, c'est une certitude.

Bien entendu, la plupart du temps, le réglage se sera fait bien avant ; mais n'attendez pas trop tôt ce qu'il fera de toute façon plus tard. Patience.

Contrairement à ce que prétendent certains livres, les bébés n'ont jamais dormi vingt heures sur vingt-quatre jusqu'à trois mois ! Ils le font peut-être au cours des trois premières semaines, quand ils sont au stade de fœtus-dehors. Mais ensuite, ils sortent des limbes, et s'intéressent sérieusement au monde qui les entoure. À partir de là, votre bébé pourra rester éveillé entre deux tétées, souvent celles de l'après-midi. Ne le remettez pas au lit, sous prétexte qu'il « doit » dormir. Prenez-le avec vous, dans vos bras ou dans un transat, où il peut s'endormir sans que vous ayez à le remettre dans son berceau. Profitez sereinement de ces premiers « cinq-à-sept » d'échanges amoureux.

Encore quelques semaines de cris crépusculaires, et un beau matin, une inquiétude vous saisit au reveil, brutale : vous ne vous êtes pas levés de la nuit ? Que s'est-il passé ? Lui est-il arrivé quelque chose ? Non, le voici, tranquille, dormant à poings fermés, un sourire béat aux lèvres. C'était donc ça : il dort ! Il a dormi toute la nuit comme un grand, qu'il est puisqu'il a bientôt six semaines. Il l'a fait, sans que vous ayez rien demandé ni fait. Bien sûr, cette première nuit complète n'a peut-être duré que six ou huit heures, avec un repas vers quatre heures du matin. Attendez quelques jours, une à deux semaines; même ce repas-là, votre bébé va s'en dispenser tout seul. N'essayez surtout pas de décaler le repas du soir pour déplacer celui de la nuit. Cela ne marche pas! *Laissez-le faire. Bientôt, seul maître à bord de son sommeil, il dormira ses douze heures.* Appréciez à sa juste valeur le plaisir du repos retrouvé, même s'il y a encore quelques anicroches.

Que le médecin n'arrive pas avec sa grosse montre pour vous faire croire qu'il faut qu'un bébé soit couché à 20 heures précises. Au nom de quoi? Nous n'avons à régir ni la nourriture ni le sommeil. Contentons-nous d'être ce que nous sommes, les gérants de la bonne santé de votre bébé. Et si celui-ci veut attendre son papa ou sa maman pour passer une partie de la soirée avec eux, laissez-le faire. Il sera bien temps, plus tard, lorsqu'il ira à l'école, de l'aider à se coucher tôt pour qu'il soit en forme le lendemain matin. D'ailleurs, il le fera le plus souvent spontanément. Mais il ne sert à rien de le «régler» trois ans à l'avance aux heures de bureau. Mieux vaut d'ici là qu'il voie ses parents, quitte à dormir tout son soûl à la crèche ou chez la nourrice.

D'ici là, qu'il dorme à ses heures, aux heures qui lui font du bien. Mais ne l'empêchez pas de dormir juste pour vous faire plaisir. Et ne ratez pas le moment où il a sommeil, où il commence à pleuroter, de son petit cri de « j'ai sommeil ». Ne ratez pas le coup de barre ; il pourrait falloir ensuite plusieurs heures d'énervement pour le retrouver.

Assurez-vous qu'il n'a plus faim, car il est capable de ne pas pouvoir s'endormir pour cinq grammes qui lui manquent ; s'il s'endort au sein ou au biberon, c'est que tout va bien. Allez le coucher. Et s'il s'est un peu énervé, n'hésitez pas à le bercer dans son berceau : vous lui offrez le paradis. S'il s'endort dans vos bras parce qu'il l'a demandé, tant mieux. En revanche, s'il ne l'a pas lui-même demandé, inutile de lui enseigner qu'il ne peut s'endormir que dans vos bras, sauf si vous-même ne pouvez vraiment pas faire autrement.

Où doit-il dormir ? Comme pour le reste, il ne « doit » rien. Quand il arrive de la maternité, il peut dormir dans votre chambre, dans sa chambre ou dans celle des enfants. Ce n'est jamais lui qui demande à dormir dans votre lit, alors dispensez-vous de le lui proposer, de le lui imposer pour ne pas avoir à vous lever la nuit. Pour le reste, voyez en fonction de votre maison, et de vous. Si, en le faisant dormir dans sa chambre, vous passez vos nuits debout pour vérifier s'il respire, ou si vous avez besoin de brancher un interphone, sinistre appareil, mieux vaut qu'il couche à côté de vous, dans son berceau, ce sera moins inquiétant pour tout le monde.

Tant qu'il est tout petit, il sera mieux installé dans un *berceau* ou un *couffin* ferme de petite taille dont il touchera les bords. Quand il sera sur le point de passer au grand lit de bébé, vous y installerez au préalable la nacelle du berceau, le temps que l'odeur se transmette, et qu'il puisse ainsi adopter facilement ce nouveau lit. Il n'aura d'ailleurs, dans cet espace un peu grand, qu'une hâte : crapahuter pour aller appuyer sa tête contre la paroi, ce qu'il aime par-dessus tout et qu'il ne faut pas empêcher. Installez-le au contact du montant du lit, cela l'apaise et l'aide à dormir.

Ne le couvrez pas ou peu, ni couette ni couverture, laissez-le dormir au frais, sur le dos si possible. Vous pouvez fermer les volets, mais ce n'est pas ça qui lui permettra de se régler plus vite, de même que le bruit d'une conversation ne l'empêchera pas de dormir. Mais ce n'est pas une raison pour laisser la télévision hurler en permanence !

4

La toilette

Les premiers jours, à la maternité, on vous a généralement demandé de faire la toilette de votre nouveau-né à côté de la baignoire et de le rincer dans le bain, sans qu'il y reste longtemps sous prétexte que le cordon n'est pas tombé.

Avant de commencer, assurez-vous avec le coude que l'eau du bain est tiède et non pas chaude : vous devez ne ressentir ni chaleur ni fraîcheur lorsque votre bras entre dans l'eau ; c'est plus juste que le thermomètre. La pièce doit être à bonne température, sans courant d'air frais.

Avant de commencer le bain, vous devez disposer à portée de main des produits dont vous aurez besoin. Il suffit d'ailleurs de très peu de choses : de l'eau au robinet, un savon ou un pain sans savon, un gant de toilette. Les multiples flacons de produits dits « pour bébé » font bien marcher l'industrie, mais n'ont aucune utilité : lait de toilette, savon liquide, parfum, etc. Vous pouvez parfaitement vous en dispenser, c'est même le mieux que vous puissiez faire.

Si vous vous apercevez en cours de route que vous avez oublié quelque chose, vous pouvez aller le chercher, mais jamais en laissant votre bébé sur la table à langer. Emmenez-le, même mouillé, cela vaut toujours mieux que de le laisser tout seul. Il risquerait de tomber de sa table, même dès les premiers jours de vie.

Mais les bébés, comme les adultes, n'aiment pas être tout nus à côté du bain qui leur tend les bras. Ne le déshabillez donc pas pour le poser sur la table à langer afin de lui nettoyer les yeux ou les oreilles avec une compresse ; contentez-vous d'essuyer le pavillon avec un gant de toilette humide.

N'employez jamais les bâtonnets, ni pour les yeux, ni pour le nez, ni pour les oreilles, ce serait dangereux. Ne tentez jamais de nettoyer l'intérieur du conduit de l'oreille ; la nature, depuis toujours, s'en charge toute seule.

Pour laver la tête du bébé, le plus simple est de le faire comme chez le coiffeur, sous le robinet d'eau tiède, ou au cours du bain en laissant tremper sa tête dans l'eau (ne vous inquiétez pas si de l'eau entre dans les oreilles). Assurez-vous d'avoir une bonne prise avec un seul bras et une main, cela laisse l'autre libre pour le laver et le rincer.

Mouillez sa tête, puis lavez-la au savon ou au shampooing en massant tout le crâne, sans craindre de frotter la fontanelle, mais en évitant d'éclabousser son visage ou ses yeux. Rincez abondamment à l'eau claire et séchez bien.

Lavez ensuite le corps avec la main en nettoyant bien les plis et rincez-le bien dans son bain.

Séchez-le ensuite dans sa serviette, sans frotter, mais en insistant sur l'intérieur des plis (cou, aisselles, aines), dont vous pouvez compléter le séchage en soufflant doucement dessus.

Pour ce qui concerne *les parties génitales* :

– Chez la fille, on les nettoie toujours de l'avant vers l'arrière, de la vulve vers l'anus. Dans le repli entre grandes lèvres et petites lèvres, il peut s'accumuler des sécrétions grasses et des selles ; nettoyez-les, si besoin, de haut en bas avec un coton fin et de l'huile d'amandes douces.

– Chez le garçon, à la naissance, le prépuce adhère au gland. Certains préconisent de ne pas y toucher, d'autres conseillent de le décalotter progressivement. Vous le feriez alors en quelques mois, un petit peu chaque jour, après la sortie du bain (et non pas dans le bain, où c'est irréalisable). Il n'y a en revanche aucune raison pour que vous ou votre médecin le fassiez brutalement en une fois, ce serait à la fois douloureux et risqué. N'oubliez pas de bien nettoyer sous les bourses.

Enfin, pour ce qui est du cordon ombilical : il sèche et tombe sans aucune douleur (la plupart du temps, à la maternité ou dans les jours qui suivent le retour à la maison). On peut accélérer ce processus en le passant à l'alcool à 60° ou à l'éther puis à l'éosine aqueuse. Après sa chute, on continuera ces soins avec un coton fin, à l'intérieur du nombril en ouvrant bien, le temps qu'il ne suinte plus du tout (quelques semaines au maximum).

Mais en fait, *vous pouvez donner de vrais bains dès le début.* D'ailleurs, le tout premier bain est souvent donné longuement par le papa dès la salle de naissance. L'intérêt du bain réside au moins autant dans le plaisir de la baignade elle-même que dans le nettoyage. N'oubliez pas de vérifier la bonne température de l'eau. Déshabillez votre bébé, mettez-le doucement dans l'eau directement et laissez-le barboter, jouer aussi longtemps qu'il veut. Profitez-en pour avoir de grandes conversations d'amour. Quand il manifeste qu'il en a assez d'être dans l'eau, lavez-le avec votre main savonnée en le maintenant fermement de l'autre main, car il devient très glissant quand il est mouillé ; rincez-le bien. Sortez-le, enveloppez-le dans son drap de bain et séchez-le bien mais avec douceur, sans frotter mais en tamponnant.

Lorsque vous le déshabillez, enlevez la couche en dernier et remettez-la dès que possible ; cela vous évitera des arrosages intempestifs.

Pour ne pas avoir à retourner votre bébé comme une crêpe, choisissez plutôt des vêtements et sous-vêtements qui se ferment tous du même côté, en évitant les boutons biscornus et les multiples liens.

La maman peut donner le bain elle-même, le papa peut le donner et on peut aussi le donner à deux, ce qui est le plus souvent un moment de grand bonheur pour tous les trois. Prenez votre temps, cajolez-le, câlinez-le, parlez avec lui, chantez-lui des chansons... Profitez-en !

Vous n'êtes pas obligés de donner un bain chaque jour. Si vous êtes fatigués, ou si vous n'en avez pas envie, contentez-vous d'une toilette de chat : la frimousse et les fesses, vous ferez mieux demain. Il n'y a pas d'heure particulièrement recommandée pour donner le bain. Vous avez aussi le droit d'en donner plusieurs par jour, surtout s'il fait très chaud, sans pour autant le laver de A à Z chaque fois.

Les couches du bébé doivent être changées, pour assurer son confort et éviter l'irritation de sa peau, aussi fréquemment qu'il les remplit : c'est-à-dire en moyenne à chaque repas (quatre à huit fois par jour) dans les premières semaines. Mais ne réveillez pas votre bébé pour le changer. Vous pouvez même vous dispenser de le changer en plein milieu de la nuit pour éviter de réveiller toute la maisonnée. Ce n'est pas grave s'il passe quelques heures avec une couche pleine ; il en passera bientôt douze sans que vous songiez alors à vous réveiller pour le changer.

Doit-on changer le bébé avant ou après le repas ? Il n'y a pas de règle, tout dépend de lui. S'il a l'habitude d'avoir des selles pendant son repas, changez-le donc après. En revanche, s'il reste sec et s'endort profondément à la fin de la tétée, mieux vaut le changer avant et le laisser tranquille ensuite.

Un bébé pleure-t-il parce que ses couches sont pleines ? Non ! Ça ne l'intéresse pas du tout ! Ça n'est pas son problème. À l'inverse, s'il a la peau à vif, et dans ce cas seulement, l'urine ou les selles le piquent et il s'en plaint.

Les selles des bébés sont d'aspect variable, de très molles, quasi liquides, jusqu'à moulées, un peu comme de la pâte à modeler.

Leur couleur aussi est variable, depuis le jaune très clair au brunâtre, parfois gris. La couleur verte qu'elles peuvent prendre de temps en temps n'est pas inquiétante en elle-même, sauf si elle s'accompagne d'une diarrhée.

À propos, qu'est-ce qu'une *diarrhée* ?

Deux ou trois selles liquides par jour, cela n'a rien d'inquiétant, même si elles sortent en jet, c'est normal. En revanche, des selles liquides abondantes, répétées, plusieurs fois par jour voire toutes les heures, peuvent signaler une diarrhée véritable qui peut conduire rapidement à une déshydratation, surtout si le bébé vomit. Consultez votre pédiatre sans tarder, et amenez-lui une couche pleine de selles pour qu'il puisse les voir et les sentir. Mais ne traitez pas vous-même une diarrhée sans consulter. Soit ce n'est pas une vraie diarrhée, mais simplement des selles normales, molles ou liquides, qui ne méritent aucun traitement, soit c'est une vraie diarrhée symptôme d'une maladie potentiellement dangereuse, et c'est au médecin de la soigner de façon urgente.

Les selles des bébés nourris au sein, souvent plus molles et plus fréquentes, ont un aspect typique d'œufs brouillés.

Quand vous changez la couche, essuyez l'excès de selles avant de nettoyer les fesses et les parties génitales avec de l'eau tiède ; sous le robinet ou sur la table à langer, avec la main nue ou à l'aide d'un gant de toilette. Puis essuyez bien tous les plis. Séchez le bébé avec soin. Vous pouvez, si vous le désirez, appliquer une pommade à base d'oxyde de zinc ou une pâte à l'eau avant de mettre une autre couche, mais cela n'a rien d'indispensable. Quant au talc, il vaut mieux ne pas en mettre sur une peau humide, car il favorise la macération.

Pour éviter que les fesses de votre bébé soient irritées, changez-lui régulièrement ses couches. Les selles et l'urine peuvent irriter la peau, surtout en période de poussée dentaire. Si une irritation sérieuse survient, vous pouvez essayer de laisser votre bébé sans couche pour une courte période de temps, ou mettre une culotte ou une couche en tissu lavée au savon entre la peau et la couche jetable. Sur la peau simplement rougie, appliquez une pommade ; si la peau est entamée, éraflée, suspendez l'usage de la pommade et appliquez un colorant dilué à l'eau, comme l'éosine ou la solution de Millian.

Si vous employez des couches jetables, votre bébé peut faire une réaction aux couches elles-mêmes. Essayez alors d'autres marques. Si vous employez des couches en tissu et vous vous apercevez qu'une grande partie des fesses est irritée, il est possible que votre bébé fasse une réaction au type de lessive que vous utilisez. Prenez-en une non agressive et évitez l'eau de Javel et les adoucissants ; cela concerne aussi ses vêtements. Vous n'êtes pas tenue de les laver à la main, ce n'est pas une preuve d'amour de s'embêter inutilement. Vous pouvez les laver en machine, en utilisant une lessive non irritante. Le plus sain est le savon de Marseille en paillettes ; cependant, il a le désavantage de faire des grumeaux dans la machine si on le met tel quel. Il suffit de le diluer au préalable dans une casserole d'eau tiède pour supprimer ce petit problème.

Rappelez-vous :
– Vérifiez la température de l'eau du bain ;
– Ne laissez jamais, sans le tenir, votre bébé dans le bain ou sur la table à langer ;
– Changer les couches assez fréquemment pour éviter les irritations ;
– Si vous suspectez une diarrhée, parlez-en à votre médecin, consultez-le au besoin, et alors amenez-lui l'« objet du délit ».

5

Santé et sécurité

Voici quelques conseils pour que vous agissiez prudemment et réagissiez tranquillement. Deux questions se posent.

Comment vous rendre compte que votre bébé est malade ?

Certainement pas en le pesant et certainement pas non plus en prenant sa température tous les jours, ni même en le surveillant comme on l'a fait à la maternité. Comme pour n'importe qui, vous constaterez qu'il est malade par un changement dans son comportement. Il perd son entrain habituel : il devient « patraque », pâle, faiblard, il refuse de manger, son cri n'est plus tonitruant mais plaintif. Il a une « sale tête ». Peut-être vomit-il, peut-être a-t-il de la fièvre : 38 °C et plus.

Car alors, devant ce tableau anormal, il a bien fallu prendre sa température, soit par voie rectale, c'est actuellement le mieux, soit avec les nouveaux thermomètres à prise instantanée, qui se posent sur le pavillon de l'oreille. Si vous lui trouvez une température de 38 °C ou plus, donnez-vous tout de même une demi-heure pour vous assurer que ce n'est pas parce qu'il était trop couvert que sa température a monté. Découvrez-le, laissez-le se rafraîchir et si malgré cela il reste fébrile, consultez.

Avant trois mois, l'apparition d'une fièvre, même si c'est rare, impose la consultation d'un pédiatre, dans les heures qui suivent, au besoin à l'hôpital, sans remettre au lendemain. C'est incontournable.

Mais la fièvre n'est pas le seul signe de maladie ; un bébé peut, comme vous, être malade sans fièvre.

Si votre bébé est malade ou vous semble malade, s'il vous inquiète, contactez votre médecin par téléphone, et s'il pense que c'est justifié, amenez-le-lui.

Mieux vaut consulter pour un enfant qui n'est pas malade que ne pas traiter un enfant malade. Dans les mois à venir, vous apprendrez, grâce aux maladies vraies, à gérer de mieux en mieux ces situations. Ne vous laissez pas intimider par un médecin qui vous reprocherait de l'avoir dérangé « pour rien ». Ce n'est pas rien que de s'entendre dire que son bébé n'a rien. C'est son travail de vous enseigner les choses du bébé pour que vous appreniez à les gérer au mieux et à consulter le moins possible.

Quelles précautions prendre pour éviter les problèmes de santé et les accidents ?

D'abord, il faut savoir qu'en cette fin du deuxième millénaire dans nos pays les vrais dangers qui guettent votre bébé sont les accidents plus que les maladies. Les maladies graves sont actuellement évitées pour la plupart par les vaccinations que l'on doit donc faire aussi précocement que possible. Contre les accidents, des précautions élémentaires doivent être prises :

– *En voiture,* votre bébé ne doit pas voyager sans être attaché, et ce dès la sortie de la maternité : soit dans un lit de sécurité avec filet antiprojection, soit dans un siège que l'on fixe dos à la route et auquel le nourrisson est solidement attaché par les bretelles de sécurité. Bien entendu, c'est en l'installant à l'arrière que l'on réduit les risques au minimum, malgré les photos publicitaires alléchantes ! Après six ou huit mois, le grand siège auto sera installé à l'arrière, si possible dos à la route. En aucun cas l'enfant ne doit voyager dans les bras de ses parents, ni à l'avant, ni à l'arrière. S'il n'est pas attaché, la voiture ne doit pas rouler !

– *À la maison,* utilisez un berceau aux parois rigides avec un matelas ferme dans lequel l'enfant ne s'enfonce pas. Ne l'attachez pas, ne lui mettez pas d'oreiller. Évitez les couettes et les couvertures bien bordées. Ne le couvrez pas trop, surtout s'il a de la fièvre, moment où il faut absolument le découvrir et lui faire boire frais. Ne surchauffez pas sa chambre, humidifiez-la avec un saturateur sur le radiateur. N'hésitez pas à entrouvrir sa fenêtre s'il fait trop chaud, il ne risque pas de s'envoler dans l'air de la nuit !

La position de sommeil est-elle vitale ? On est certain d'une chose : la position sur le dos n'est pas plus dangereuse, bien au contraire, il semble qu'on doive la favoriser. Mais si votre bébé insiste pour dormir sur le ventre, laissez-le faire à condition que le matelas soit ferme et qu'il ne soit pas couvert. Le laisser dormir comme il aime, c'est peut-être ce que vous pouvez faire de mieux pour lui.

Pas d'épingle à nourrice pour attacher une tétine, ni de lien autour du cou, ni de chaîne.

Le laisser seul peut être, dans certaines circonstances, dangereux. Ne le laissez jamais seul dans le bain, ni sur une surface haute (table à langer ou lit des parents). En cas de nécessité absolue, mieux vaut encore le poser par terre que de le laisser seul en hauteur. Ne le laissez jamais seul à la maison, vous ne savez ni ce qui pourrait lui arriver, ni ce qui pourrait vous arriver et retarder votre retour.

Les sorties. Rien ne lui interdit de sortir dès les premiers jours ; il n'y a donc aucune raison de le garder trois semaines à la maison, sans promenade. À l'inverse, il n'y a aucune obligation à le sortir chaque jour pour « l'aérer ».

Méfiez-vous de la température :

– de son bain ;

– de l'eau chaude du robinet ;

– du lait qu'il boit ;

– de la voiture arrêtée au soleil : ne le laissez jamais seul dedans, donnez-lui souvent à boire, et ouvrez les vitres, un coup de chaleur est vite arrivé ;

– de sa chambre et de sa literie, nous l'avons vu.

Pensez à lui donner souvent à boire de l'eau dans les situations où il en perd : fièvre, vomissements abondants, diarrhée, grosses chaleurs. Au besoin, ajoutez à l'eau un soluté de réhydratation.

Les régurgitations :

– Ne paniquez pas si votre bébé régurgite (un peu de lait s'écoule le long de sa joue), c'est banal au début. S'il vomit franchement et souvent, alors il faut consulter. Ce n'est qu'en cas de reflux gastro-œsophagien avéré qu'un traitement est indispensable, mais c'est rare. La diffusion actuelle des traitements antireflux n'est qu'un effet pervers de l'angoisse de certains médecins.

– Inutile de parler de « sa » pharmacie, vous n'avez besoin de rien du tout avant trois mois, excepté le sérum physiologique et l'éosine à l'eau. N'ayez pas d'antipyrétiques, vous seriez tentés de vous en servir « en attendant » ; or, en cas de fièvre avant trois mois, il ne faut pas attendre. Quant au Valium par voie orale, que certains pourraient vous prescrire, son efficacité pour éviter les convulsions fébriles n'a pas été prouvée ; de plus, celles-ci ne surviennent pas dans les six premiers mois de la vie. C'est surtout une pathologie de la deuxième année.

Rappelez-vous :

– Si votre bébé a de la fièvre avant trois mois, consultez immédiatement le pédiatre.

– Ne roulez pas en voiture avec votre bébé s'il n'est pas attaché.

– Ne couvrez pas votre bébé dans son berceau.

– Laissez-le dormir sur le dos.

– Ne le laissez jamais seul, ni en hauteur, ni à la maison.

– Si votre bébé vous semble malade, mieux vaut en parler à votre médecin que de consulter le dictionnaire médical des bébés !

Conclusion

Bébé, dis-moi qui tu es.

Nous l'avons appelé bébé ! Pourtant, pendant les cent premiers jours, je me permets de le dire, ce n'est pas encore tout à fait à un bébé que l'on a affaire.

Cette période, si particulière et si spécifique, n'est pas reconnue, elle n'est pas envisagée comme telle par tous les parents. Cependant, l'enfant des trois premiers mois n'a rien à voir avec l'enfant des mois suivants, comme je l'ai appris à l'écoute des nouveau-nés en m'installant chez eux.

La non-reconnaissance de cette spécificité peut plonger les parents dans des difficultés majeures, comme je l'ai compris lorsqu'ils venaient participer à mes « Rencontres autour du nouveau-né ».

Souvent, sans oser se le dire, ni même s'autoriser à le penser, ils voient arriver un bébé qui n'est pas vraiment celui qu'ils attendaient. Est-ce seulement que leur nouveau-né ne correspond pas à leur idéal de bébé ou est-ce que le bébé de leurs fantasmes avait un âge différent ? Je crois que le bébé fantasmé était déjà vieux de trois mois. Ce n'est pas, en fait, un nouveau-né qui était attendu, mais un bébé déjà « accompli ».

En fait, le mot « bébé » recouvre deux réalités différentes : le nouveau-né et le nourrisson. Pour passer d'un état à l'autre, l'enfant vit cette sorte d'adolescence primitive, période tumultueuse à laquelle rien ne préparait les parents. Du coup, ceux-ci passent par tous les stades de l'inquiétude, du doute, de la déception, et même de la peur de celui qui leur semble parfois un être « étrange, venu d'ailleurs ». Ce temps de la métamorphose est souvent bien pénible pour toute la famille, qui s'y retrouve d'autant moins que notre compréhension du bébé est fondée sur le modèle d'un enfant de plus de cent jours.

Alors, bien sûr, aucune règle, aucune norme, aucun conseil ne peut coller : ils concernent tous quelqu'un d'autre.

Il faut donc tenter d'accéder au royaume des nouveau-nés. Au lieu de poser un regard d'en haut sur leur monde, pénétrons-y de plain-pied, sans réticence. Alors, ce qu'on ne comprenait pas, et que l'on risquait ainsi de percevoir comme pathologique, devient « normologique ». On sait aujourd'hui beaucoup de choses sur le bébé, essentiellement tirées de l'étude des pathologies organiques et psychiques. Mais, sous le prétexte qu'il est devenu l'objet de nos soins, prenons garde de ne pas occulter la parole du nouveau-né sujet.

Pour appréhender le nouveau-né dans son intimité, déposons nos savoirs théoriques au seuil de son univers ; pour accéder à sa vision du monde, donnons à notre ignorance statut d'outil de connaissance.

Abandonnons la perspective adulte – fausse – et l'approche médicale – fausse elle aussi. Acceptons de ne rien savoir et laissons-nous réenseigner les choses de la vie par les nouveau-nés ; car s'il n'est pas facile d'apprendre du neuf, même s'il est vrai, il est plus difficile encore de désapprendre du vieux, même s'il est faux.

Ce livre vous a permis de découvrir l'originalité de cette période dont la connaissance me paraît indispensable pour que parents et nouveau-nés puissent vivre en harmonie.

Les parents peuvent en être assurés : quels que soient les soucis qu'ils auront rencontrés durant ces premières semaines inouïes, ils auront disparu au plus tard lorsque leur bébé aura cent jours. Alors, leur vie sera redevenue « tranquille ». Pour avoir le bébé dont ils rêvaient, il ne leur aura pas fallu neuf mois, comme ils le croyaient, mais une année entière, trois cent soixante-cinq jours, depuis l'instant où ils l'ont conçu.

Table des matières

IMPRIMÉ EN ESPAGNE PAR LIBERDÚPLEX

pour le compte des Éditions Marabout (Hachette Livre)
58, rue Jean Bleuzen 92178 Vanves Cedex
Achevé d'imprimé en avril 2023
Dépôt légal : janvier 2019
ISBN : 978-2-501-13546-7
10/8824/2 - Ed.06